Biogärtnern
für Einsteiger

Ackerhelden

Biogärtnern für Einsteiger

Inhalt

Abstand von Pflanze
zu Pflanze innerhalb
einer Reihe

Zeitraum für die
Aussaat

Zeitraum für das
Pflanzen

Zeitraum für
die Ernte

Werden zwei Gemüsekulturen auf einer Doppelseite vorgestellt, stehen Pflanzabstand, Zeitraum für Aussaat bzw. Pflanzung sowie für Ernte
der in der Überschrift sowie im Text erstgenannten Kultur oben. Die Angaben für die zweitgenannte Kultur befinden sich in der zweiten Reihe.
Stimmen Abstände oder Zeiträume überein, werden sie nur einmal aufgeführt.

Ackerhelden

Wer wir sind

Was wir tun

Die Ackerhelden wurden 2012 von Birger Brock und Tobias Paulert in Essen gegründet.

Wir vermieten an vielen Standorten in Deutschland biozertifizierte, mit vielen leckeren Gemüsesorten vorbepflanzte Ackerstücke, auf denen man von Mai bis November frisches Biogemüse ernten, neu säen, pflanzen und mit den eigenen Händen ackern kann.

Das Konzept geht auf die Idee der Gemüseselbsternte zurück, die ursprünglich aus Österreich stammt und in ihrer Grundform bereits gute 25 Jahre alt ist.

Für uns ist das Prinzip der Selbsternte untrennbar mit den Grundregeln der biologischen Landwirtschaft verbunden. Selbsternte und Wirtschaften nach konventionellen Gepflogenheiten schließen sich nach unserer Überzeugung grundsätzlich aus. Was bisher in Deutschland fehlte, war ein Anbieter von vorbepflanzten Ackerstücken, der diesen Qualitätsanspruch bundesweit konsequent erfüllt. Mit unserem Projekt »Ackerhelden« bieten wir genau das an.

Die Ackerhelden sind zertifiziertes Mitglied des größten deutschen ökologischen Anbauverbands Bioland und bieten ausschließlich Flächen an, die nach den Richtlinien ökologischer Anbauverbände bewirtschaftet werden. Das bedeutet: Es werden keine giftigen Pestizide und Herbizide sowie keine chemisch-synthetischen Dünger eingesetzt.

Schließlich isst man als Selbstversorger nicht nur, was man erntet, sondern man arbeitet auch noch mit den eigenen Händen in der Erde. Möchte man dann, dass die mit Pestiziden, Herbiziden und Chemiedünger getränkt ist? Na also ...

Wo wir herkommen

Ruhrpott, Kohlenpott ... das waren und sind die Synonyme für das, womit unsere Heimat Essen immer noch häufig verbunden wird. Aber das Gesicht der Region hat sich verändert. Essens Stadtgebiet hat einen der größten Grünflächenanteile aller deutschen Großstädte und darf sich nach dem Urteil einer EU-Jury im Jahr 2017 »Grüne Hauptstadt Europas« nennen. Kohle und Stahl sind nicht komplett verschwunden, aber mittlerweile muss man schon ein wenig suchen, um die Spuren der Vergangenheit zu finden.

Über die Jahre ist auch ein weiteres Stück Ruhrgebietsgeschichte in Vergessenheit geraten, nämlich die weit zurückreichende Kultur der Selbstversorgung. Während der Hochphase des Kohleabbaus hatten viele der Bergmannsfamilien einen eigenen Gemüsegarten. Mitten in der

Die Ackerhelden-Gründer Tobias Paulert (links) und Birger Brock

Geteilte Ernte ist doppelte Freude – nach getanem Ackern gemeinsam genießen.

Stadt, hinter ihren Häusern in den Bergmannskolonien.

Man wusste: Selbst gemacht schmeckt immer noch am besten – und macht Spaß. Das finden wir auch.

Gesät wurde diese Leidenschaft schon, als wir noch gemeinsam die Schulbank drückten. Birgers Vater war engagierter Biolehrer und betrieb an unserer Schule den Schulgarten, in dem wir viele Stunden in der Erde verbrachten. Tobias war darüber hinaus Schüler des Bio-Leistungskurses von Birgers Vater. Dieser Leistungskurs pflanzte seinerzeit 70 Obstbäume mit alten Sorten auf dem Schulgelände. Die Bäume stehen bis heute dort und sind mittlerweile zu einem herrlichen Obsthain herangewachsen, der die Schüler und Lehrer der Schule mit frischen Äpfeln, Birnen, Pflaumen und Kirschen versorgt.

Diese Erfahrungen und Erlebnisse haben auch unseren Weg nach der Schulzeit nachhaltig geprägt. Tobias baut seit der Studienzeit Gemüse, Obst und Kräuter in seinem Dachgarten an und hat dabei bereits beachtliche Erfolge mit alten Tomatensorten und exotischen Gewächsen erzielt. Birger hat viele Jahre lang selbst auf einem Bio-Acker Gemüse angebaut.

Wir denken, dass es an der Zeit ist, die Menschen regional und emotional wieder näher an das heranzubringen, was sie täglich essen.

Selbstversorgung ist ein Schritt auf diesem Weg, hin zu mehr Selbstbestimmung und gegen die Verdrängung ursprünglicher, naturbelassener Lebensmittel aus unserem Speiseplan durch industriell gefertigte oder stark bearbeitete Nahrung.

Mit diesem Buch möchten wir Lust darauf machen und dabei helfen, die ersten Schritte der Selbstversorgung zu gehen. Denn: Supermarkt kann jeder – echte Helden ackern selbst!

Knackfrisches Gemüse vom eigenen Acker – regionaler und saisonaler geht es nicht.

Warum biologisch gärtnern?

Bio auf dem Weg nach oben

Die Nachfrage nach Bioprodukten steigt seit Jahren stetig an. In den letzten 15 Jahren hat sich der Umsatz mit biozertifizierten Lebensmitteln verdreifacht. Wir – die Konsumenten – haben offenbar ein starkes Bewusstsein dafür entwickelt, wie gute und gesunde Nahrungsmittel erzeugt werden sollten, und entwickeln dieses Bewusstsein stetig weiter.

Die Umsatzzahlen beweisen das. Nach Informationen des Forschungsinstituts für biologischen Landbau aus dem Jahr 2014 ist Deutschland inzwischen der zweitgrößte Biomarkt der Welt – nach den USA. Und die Umsatzzahlen wachsen, so die Statistiker, weiter.

Der Konsum von biologisch hergestellten Lebensmitteln ist heutzutage ein bewusst gewählter Weg moderner, aufgeklärter Menschen, die sicher sein wollen, dass die Dinge, die sie täglich essen, eine gute, nachhaltige und nachvollziehbare Herkunft haben.

Entsprechend hat das vorurteilsbehaftete Klischee des auch winters Sandalen tragenden Biokäufers im selbst gehäkelten Wollpulli und mit ausgeprägtem Sendungsbewusstsein schon lange ausgedient. Bio ist mitten in der Gesellschaft angekommen und entwickelt sich rasant zur Massenbewegung. Was früher als altmodisch und rückwärtsgewandt galt, ist mittlerweile fortschrittlich und zukunftsweisend.

Siegel über Siegel

Und so findet man mittlerweile in jedem klassischen Supermarkt ein umfangreiches Sortiment an Bioprodukten. Schaut man sich dann beim Einkaufen ein wenig um, wird man viele verschiedene Bio-Siegel entdecken. Auf den ersten Blick erschließt sich dabei nicht, worin der Unterschied zwischen ihnen liegt oder ob es überhaupt einen gibt. Doch es lohnt, sich ein wenig zu informieren, denn das hilft auch, wenn man für den eigenen Garten oder Acker biologisch produziertes Saatgut bzw. biologisch angezogene Jungpflanzen kaufen will.

Eines aber haben alle Bio-Siegel zunächst einmal gemeinsam: Wo »bio« oder »öko« draufsteht, muss

Wenn kein Gift in die Erde kommt, lässt es sich mit gutem Gefühl ackern.

Pestizide sind laut einer UN-Untersuchung ein Grund für das weltweite Bienensterben – hier ist die Natur noch in Ordnung.

auch biozertifizierte Ware drin sein. Ganz egal, um welches Produkt es sich handelt. Das ist zwingend so, denn die Begriffe sind durch die sogenannte EU-Öko-Verordnung gesetzlich geschützt und dürfen ausschließlich von Betrieben und Unternehmen verwendet werden, die zertifiziert sind und sich einer jährlichen Überprüfung unterziehen.

Besagte EU-Öko-Verordnung stellt die Grundlage aller existierenden Bio-Siegel dar und legt die Mindeststandards fest, die eingehalten werden müssen, um einen Betrieb und seine Produkte biozertifizieren zu können.

Erkennbar sind Produkte, die nach den Richtlinien der EU-Öko-Verordnung hergestellt wurden, am EU-Bio-Siegel, ein gesterntes Blatt auf grünem Grund, das im Juli 2010 eingeführt wurde und das ältere deutsche Bio-Siegel von 2001 ersetzt bzw. ergänzt. Auch dieses ältere Siegel kennzeichnet Produkte, die nach EU-Richtlinien biozertifiziert sind, inhaltlich besteht hier also kein Unterschied.

Neben diesen beiden staatlichen und wohl bekanntesten Siegeln gibt es aber noch weitere Bio-Siegel, hinter denen jeweils ein ökologischer Anbauverband steht. Diese Verbände sind privat organisierte Vereinigungen von landwirtschaftlichen und lebensmittelerzeugenden Betrieben, die nach ihren eigenen Bio-Richtlinien wirtschaften und produzieren (Bio-Siegel und weitere Details zu den Bio-Richtlinien siehe S. 156).

Bio ist nicht gleich bio

Die wichtigsten und größten biologischen Anbauverbände in Deutschland sind Bioland, Demeter und Naturland. Daneben gibt es noch eine Anzahl kleinerer, regionaler oder spezialisierter Verbände wie beispielsweise Biokreis, Gäa oder Ecovin.

Bei diesen Verbänden bildet das gesetzlich vorgeschriebene Gerüst der Mindeststandards der EU-Öko-Verordnung grundsätzlich die Basis. Doch die jeweiligen Richtlinien dieser Anbauverbände gehen deutlich über das hinaus, was die EU für eine Biozertifizierung fordert.

Der wohl wesentlichste und wichtigste Unterschied zwischen biologischer Landwirtschaft auf Grundlage der EU-Öko-Verordnung und nach den Richtlinien der Anbauverbände ist die sogenannte Teilumstellung. Die EU-Öko-Verordnung (Stand 2015) erlaubt es, innerhalb eines Gesamtbetriebs einen biologischen und einen konventionellen Betriebszweig zu führen. Das bedeutet also, dass ein und derselbe Betrieb sowohl Bioprodukte als auch konventionelle Produkte herstellen kann, solange er diese beiden Betriebszweige klar trennt.

Obwohl grundsätzlich erst einmal jede Umstellung auf biologische Bewirtschaftung positiv zu bewerten ist, muss man hier doch deutlich auf die mangelnde Konsequenz dieser Vorgehensweise hinweisen. Die Vermischung von biologischer und konventioneller Arbeitsweise birgt darüber hinaus das Risiko, dass die Grenzen dieser beiden Betriebszweige nicht immer gewahrt bleiben, sei es nun mutwillig oder fahrlässig.

Gemüse wächst nicht im Supermarkt? Erzähl mir was Neues, ich bin ein Ackerheld!

Ein eigener Gemüsegarten oder Bio-Gemüseacker versorgt fast ganzjährig mit knackfrischen Köstlichkeiten.

Schluss mit Gift im Garten und auf dem Acker

Konventionelle Landwirtschaft bedeutet grundsätzlich den Einsatz von Chemie und Giften, sei es in Form von Düngemitteln, Schädlingsbekämpfungsmitteln oder Unkrautvernichtungsmitteln. Das Ziel ist ein möglichst hoher Ertrag pro Zeiteinheit und Fläche. Die Bewirtschaftung in dauerhaften Monokulturen und der Einsatz von chemisch-synthetischen Düngern, Pestiziden und Herbiziden führt jedoch auf lange Sicht zu einer Zerstörung der natürlichen Bodenstrukturen und -aktivitäten. Wo im biologischen Landbau abwechslungsreiche Fruchtfolgen und Mischkulturen für die Erhaltung des natürlichen Gleichgewichts und der Bodenfruchtbarkeit sorgen, muss die durch den ständigen massiven Einsatz von Chemie ausgelaugte Erde in der konventionellen Landwirtschaft immer wieder durch neue Anwendungen chemischer Präparate für den Anbau fit gespritzt werden.

Diese Nutzung von Giften beschränkt sich leider nicht auf die professionelle konventionelle Landwirtschaft. Auch Hobbygärtner im heimischen Garten greifen vielfach und regelmäßig zur Chemiekeule, um unerwünschte Beikräuter und Schädlinge zu bekämpfen und den Boden auf Hochleistung zu düngen. Dabei sollten die Berücksichtigung biologischer Anbauprinzipien und die Vermeidung von Giften gerade im Hobbybereich absolut selbstverständlich sein. Jeder Hobbygärtner muss sich schließlich bewusst machen, dass er die Grenze vom Konsumenten zum Produzenten überschreitet. Denn man isst nicht nur, was man im eigenen Garten oder vom eigenen Acker erntet, sondern man bearbeitet auch selbst den Boden.

Vor diesem Hintergrund gehen aus unserer Sicht auch Konzepte wie unsere Bio-Gemüseäcker zum Mieten zwingend Hand in Hand mit zertifizierter ökologischer Landwirtschaft und sind für uns in Verbindung mit konventionellem Anbau nicht denkbar. Wir bieten deshalb ausschließlich Flächen an, die nach den Richtlinien der ökologischen Anbauverbände zertifiziert sind. Das bedeutet garantiert: Wir setzen keine giftigen Pestizide und Herbizide sowie keine chemisch-synthetischen Dünger ein.

Biologisch gärtnern

Dass dies auch im eigenen Garten der richtige Weg ist, zeigen wir in diesem Buch. Denn biologisches Gärtnern ist gar nicht so schwierig.

Natürlich profitiert in erster Linie die Umwelt in vielfacher Hinsicht vom biologischen Gärtnern. Beim Bioanbau nimmst du Rücksicht auf die Natur, auf wildlebende Pflanzen und Tiere, auf deren Artenvielfalt

Der eigene Bio-Gemüseacker – gemietet bei den Ackerhelden

Blumen, Kräuter und Gemüse unterstützen ihre Partner bei der Schädlingsabwehr.

ebenso wie auf das Schicksal der einzelnen Lebewesen. Sogar deine Haustiere oder andere Gartengäste profitieren davon, weil sie gar nicht erst in Gefahr geraten, mit schädlichen Chemikalien in Kontakt zu kommen.

Boden, Grundwasser, Luft – mit keiner deiner Acker- oder Gartenaktivitäten belastest du diese Elemente, von denen wir alle leben. Im Gegenteil, du trägst dazu bei, dass sie sich – so weit dein Einfluss reicht – vorteilhaft entwickeln und die Fruchtbarkeit des Standorts verbessert wird.

Die goldenen Bioregeln

Die grundlegenden Bioregeln, an die du dich halten solltest, sind eigentlich ganz einfach:

Du solltest auf keinen Fall Düngemittel, Schädlingsbekämpfungsmittel oder sonstige Präparate einsetzen, die nicht ausdrücklich für den biologischen Anbau im Hausgarten zugelassen sind.

Außerdem solltest du ausschließlich Saatgut und Jungpflanzen verwenden, die von biologisch wirtschaftenden Betrieben oder einer vertrauenswürdigen Bezugsquelle nach biologischen Richtlinien vermehrt oder vorgezogen wurden.

Falls du dir nicht sicher bist, ob Saatgut biozertifiziert ist, suchst du auf der Verpackung nach dem Öko-Kontrollstellen-Code. Er besteht aus einem Länderkürzel, dem Vermerk ÖKO und einer dreistelligen Nummer und sieht z. B. folgendermaßen aus: DE-ÖKO-006. Das gilt übrigens auch für Lebensmittel.

Wenn du diese Hinweise berücksichtigst, kannst du sichergehen, alles richtig zu machen.

Die Methoden, mit denen du den Verzicht auf die unerlaubten Präparate ausgleichen kannst, findest du im Kapitel »Anbauplanung« (ab S. 16), in den jeweiligen Anbau-Anleitungen der einzelnen Gemüse- und Obstarten sowie auf den Seiten zur »Ersten Hilfe für deine Pflanzen« (ab S. 150).

Buntes Miteinander – Mischkultur sorgt für Pflanzen- und Bodengesundheit.

Die Blühweiden locken zahlreiche Nützlinge an.

Ackerhelden arbeiten biologisch

Kein Gift auf Acker und Teller!

Bio schmeckt besser – das wird oft behauptet. Es gibt sogar Studien, die diese Behauptung stützen. Allerdings gibt es auch Untersuchungen, die keine Geschmacksunterschiede zwischen konventionell und biologisch erzeugten Lebensmitteln feststellen konnten oder deren Teilnehmern die konventionelle Ware sogar besser schmeckte. Geschmack ist und bleibt also im wahrsten Sinne des Wortes Geschmackssache. In einer Frage sind sich aber alle Untersuchungen einig: Im Gegensatz zu konventioneller Ware enthalten Obst und Gemüse aus biologischer Erzeugung praktisch keine Pestizidrückstände. Kein Gift auf dem Acker bedeutet auch kein Gift auf dem Teller. Und das schmeckt sicher jedem besser!

Brauche ich ein Zertifikat?

Will man Erzeugnisse mit der Bezeichnung »bio« vermarkten, darf man dies nicht einfach nach Gutdünken tun. Die Begriffe bio und öko sind durch die EU-Öko-Verordnung gesetzlich geschützt und dürfen nur von Betrieben genutzt werden, die sich einer Biozertifizierung unterzogen haben und regelmäßig kontrollieren lassen. Das gilt für Obst, Milchprodukte, Backwaren, Fleisch und sonstige Lebensmittel genauso wie für Gemüseäcker zum Mieten. Wer allerdings privat gärtnert und sich an den ökologischen Anbauprinzipien orientiert, die wir in diesem Buch vorstellen, darf sich ganz »legal« Biogärtner nennen. Denn für das Hobby Biogärtnern gibt es kein Zertifikat, nur die eigene Freude daran!

Wohlfühlen im Garten: Natur statt Gift

Der Garten oder Balkon sollte ein Ort sein, an dem man sich bedenkenlos aufhalten kann. Hier hat Chemie nichts verloren. Trotzdem setzen Hobbygärtner jedes Jahr große Mengen Pestizide und synthetische Dünger ein, um ihre Pflanzen »fit« zu spritzen. Sie vergessen die potenziellen negativen Auswirkungen auf menschliche und tierische Gartennutzer und die Umwelt. Wir empfehlen allen Hobbygärtnern, sich an den ökologischen Anbauprinzipien dieses Buchs zu orientieren und auf Chemie zu verzichten. Für ein gutes Gefühl im Garten!

Wer düngt die Bäume im Wald?

Landwirtschaft ohne Chemie? Natürlich geht das! Wo die Natur unbeeinflusst waltet, bildet sie ein selbstverständliches, weil eben natürliches Gleichgewicht. Schädlinge locken Nützlinge an, denen die Missetäter als Beute dienen und die so den Schaden regulieren. Abgestorbene Pflanzenteile werden zu nahrhaftem Humus. Die Natur ist das beste Beispiel dafür, dass auch ohne den Einfluss des Menschen Blüten und Früchte in Hülle und Fülle entstehen. Biologisch gärtnern bedeutet, diese Zusammenhänge zu nutzen, z. B. durch Ansiedlung von Nützlingen oder die Verwendung von Kompost.

Gut für alle

Was ist das Wichtige an Biolebensmitteln? Die meisten denken zunächst an eine höhere Qualität ihrer Lebensmittel. Doch die Entscheidung für bio ist nicht nur eine für unbelastete Nahrungsmittel, sondern auch eine für das Wohl der Tiere und den Umweltschutz. Nach ökologischen Richtlinien gehaltene Nutztiere haben zum Beispiel mehr Platz, mehr Bewegung und bekommen keine präventiven Medikamentengaben. Die zulässigen Transportstrecken und -zeiten von Schlachtvieh sind stark begrenzt. Der Verzicht auf Pestizide und Mineraldünger bedeutet zudem geringere Belastungen von Böden, Gewässern und Grundwasser und somit einen aktiven Schutz der Umwelt und ihrer Bewohner.

Anbauplanung

Bestandsaufnahme

Im Garten hast du mit den verschiedensten Elementen zu tun und musst in der Regel mit den Bedingungen, die dir die Lage des Grundstücks vorgibt, zurechtkommen. Deshalb wollen wir uns zum Einstieg mit Boden, Lage und den klimatischen Verhältnissen auseinandersetzen.

Klima und Wetter

Bei heimischen Pflanzen kann man in der Regel davon ausgehen, dass sie an die herrschenden Verhältnisse angepasst sind. Frost stellt für sie deshalb kein Problem dar. Unsere Kulturpflanzen wurden jedoch seit Jahrhunderten aus den verschiedensten Regionen in den Garten importiert, weshalb viele von ihnen den Winter in unseren Breiten ungeschützt im Freien nicht überleben würden.

Aber nicht nur im Hinblick auf den Frost ist das Klima ein wesentlicher Standortfaktor für unsere Gartenpflanzen. Auch die Schwankungen der Temperaturen sowie der Niederschläge im Lauf der Tage sowie im Jahreslauf, ja sogar die Stärke der Winde und deren Richtung haben einen gewichtigen Einfluss darauf, welche Pflanzen in deinem Garten gedeihen oder nicht.

Klimatische Regionen

Bei uns in Mitteleuropa herrscht sogenanntes gemäßigtes Klima, doch auch innerhalb dieser Klimazone gibt es enorme Unterschiede, die sich auf das Wachstum der Pflanzen niederschlagen. In den Flusstälern von Rhein, Main, Elbe und Mosel sowie am Bodensee und an den Meeresküsten beispielsweise ist das Klima wesentlich milder als in den höheren Lagen der Mittelgebirge oder des Voralpenlands, wo die Sommer kürzer und die Fröste härter sind, aber oft auch die Sonneneinstrahlung intensiver. Selbst die Niederschlagsmengen können stark variieren.

Zum Weinbauklima gehört wiederum nicht nur ein mildes Klima, in dem frostempfindliche Pflanzen gedeihen, sondern auch eine ausreichend lange Vegetationsperiode.

Das Mikroklima

Aber auch auf kleinstem Raum gibt es große Unterschiede. An der Südseite von Mauern und Hauswänden wird Sonnenwärme gespeichert. Nordseiten dagegen sind kühl und schattig und erwärmen sich entsprechend langsamer. Im Schatten hält sich der Frost länger. Außerdem bleibt hier der Boden länger feucht.

Erhöhte Lagen sind ungeschützt dem Wind ausgesetzt. Senken und Täler hingegen sind Kältefallen. Auch Mauern oder Hecken können das Abfließen kalter Luft behindern. So kann sich selbst innerhalb eines Gartens an der tiefsten Stelle leicht ein Kaltluftsee bilden.

Durch geschickte Gestaltung – etwa durch den Bau eines Windschutzes – kann man also das Mikroklima beeinflussen. Umgekehrt kann man für das Gemüse und insbesondere für die empfindlicheren Pflanzen Standorte wählen, an denen sie bessere Bedingungen finden.

Unser Klima bestimmt die Dauer der Saison und die Möglichkeiten des Anbaus.

Klima messen und prüfen

Mit einem Minimum-Maximum-Thermometer oder einer modernen digitalen Wetterstation kannst du nicht nur den Temperaturverlauf verfolgen, sondern auch wärmere und kältere Bereiche im Garten ermitteln. Auch indem du beobachtest, wo im Frühjahr der Schnee zuerst taut, kannst du herausfinden, wo das mildeste Mikroklima in deinem Garten herrscht. Und wo der Schnee am längsten liegen bleibt, ist es am kältesten.

Folien und Gewächshäuser schaffen besseres Klima

Mit Gewächshaus und Kunststofffolien kannst du das Klima überlisten. In einer derart geschützten Umgebung werden Wind und Unwetter ferngehalten, Sonnenwärme gespeichert und ein eventueller Kälteeinfall abgemildert.

Selbst in unbeheizten Kleingewächshäusern können Salate, Kohlrabi und Radieschen deutlich früher angebaut und geerntet werden. Wärmebedürftige Kulturen wie Tomaten, Paprika und Gurken bringen dort höhere Erträge und die Herbstkulturen können länger ausreifen.

Aber auch schon mit minimalem Aufwand kannst du erstaunliche Verbesserungen erzielen: Vliese, Schlitz- oder Lochfolien helfen, manche Ernte zu verfrühen oder zu verlängern.

Eine einfach zu bauende Kombination aus Folie und Gewächshaus ist der Folientunnel, du findest auch entsprechende Bausätze zu unterschiedlichen Preisen im Gartencenter.

Ein Gewächshaus speichert Wärme und verlängert damit das Gartenjahr.

Um einzelne Pflanzen zu schützen, sind der Fantasie kaum Grenzen gesetzt.

Urlaub

Ob du während deines Urlaubs eine Vertretung im Garten oder auf dem Acker brauchst, kommt ganz auf den Zeitpunkt und die Dauer deiner Abwesenheit an. Von Saisonbeginn bis in den August hinein wächst das Unkraut sehr stark, und in den Hochsommermonaten kann es auch einmal längere Trockenphasen geben. Zusätzlich gibt es von Juni bis August besonders viel zu ernten. In dieser Zeit solltest du möglichst einmal pro Woche Zeit für den Garten einplanen. Falls du in dieser Zeit verreist, solltest du unbedingt für eine Vertretung sorgen. Etwa ab Mitte August kannst du deine Pflanzen je nach Witterung auch einmal zwei Wochen allein lassen.

Die Lage

Die heute gängigen Gemüsesorten sind auf Höchstleistung gezüchtet und aus diesem Grund auf eine optimale Versorgung mit Wasser, Nährstoffen und auch Licht angewiesen. Aber auch aufgrund ihrer Herkunft vom Mittelmeer sind viele unserer Nahrungspflanzen Sonnenanbeter – insbesondere die Fruchtgemüse aus dem Süden sowie viele der üppigsten Blütenpflanzen. Nur Gemüsebeete in sonniger Lage garantieren daher einen vollen Erntekorb.

Standorte, die nur von der Morgen- oder Abendsonne gewärmt werden, bezeichnet man als halbschattig. Einige robuste Gemüsearten gedeihen zwar auch noch in solchen Lagen, sie bringen dort aber mit Sicherheit geringere Erträge und sind auch anfälliger für alle möglichen Krankheiten und Schädlinge. Schattige Standorte sollte man für Gemüse und Obst unbedingt meiden.

Der Boden

Die Grundlage für deinen gärtnerischen Erfolg ist immer der Boden. Der ideale Gartenboden ist weder schwer noch leicht, sondern er ist humos-krümelig und reichlich von Kleinstlebewesen durchsetzt. Er sollte Wasser und Nährstoffe so speichern, dass diese für die Pflanzen leicht verfügbar sind.

Mittlerer Boden

Den ausgewogensten Luft-, Wasser- und Nährstoffhaushalt findet man bei einem mittleren Boden, der alle Körnungen, d. h. Bodenpartikel in den verschiedensten Größen enthält. Man bezeichnet solche Bodentypen als sandigen Lehm.

Die meisten unserer Gartenpflanzen lassen sich unter solchen Bedingungen am erfolgreichsten kultivieren.

Leichter Boden

In leichten Böden überwiegt der Sand. Die relativ großen, mit bloßem Auge erkennbaren Einzelkörnchen sind sehr durchlässig.

Einem hohen Sauerstoffgehalt stehen Versickerungsverluste von Wasser und Nährstoffen gegenüber, weil die Körnchen kaum Wasser und Nährstoffe speichern können. Solche Böden lassen sich jedoch durch regelmäßige Gaben von Tonmehl und vor allem Humus (Reifkompost, siehe S. 43) verbessern.

Schwerer Boden

Schwere Böden bestehen überwiegend aus winzigen Tonteilchen, die sehr gut Nährstoffe speichern können, besitzen jedoch wenig Zwischenräume für Luft und Sauerstoff. Sie neigen daher zum Verklumpen und benötigen eine Vorbehandlung, um zufriedenstellende Gemüseernten zu erzielen.

Am besten sät man hier ein oder zwei Jahre lang tief wurzelnde Gründüngerpflanzen ein. Sie lockern den Boden und reichern ihn zudem mit organischem Material an, das zu wertvollem Humus wird. Und es lohnt sich, auch während der Anbaupausen zwischendurch immer wieder Gründünger auf solchen Böden einzusäen.

Saurer Boden

Auf sauren Böden mit einem niedrigen pH-Wert von unter 5,5 wirkt eine Kalkung des Bodens ausgleichend. Im biologischen Anbau wird dafür z. B. Algenkalk, Muschelkalk oder Dolomitkalk genutzt.

Tipps zur Gründüngung

Phazelia, Buchweizen und Winterroggen lassen sich gut in die Fruchtfolge einbauen, weil sie nicht mit Gemüsearten verwandt sind und dem Boden deshalb nicht die gleichen Nährstoffe entziehen.

Durch vorangegangene Baumaßnahmen verdichtete Böden lassen sich mit Lupinen und Gelbsenf wieder für den Anbau verbessern.

Die Aussaat von »Landsberger Gemenge« (eine Saatgutmischung aus Schmetterlingsblütlern und Gras) im August schützt vor Nährstoffauswaschung und erspart eine mühsame Bodenbearbeitung.

Schmetterlingsblütler (Leguminosen) wie Lupinen, Futtererbse oder Serradella sind sogar in der Lage, Luftstickstoff im Boden zu binden und so für die Pflanzen verfügbar zu machen.

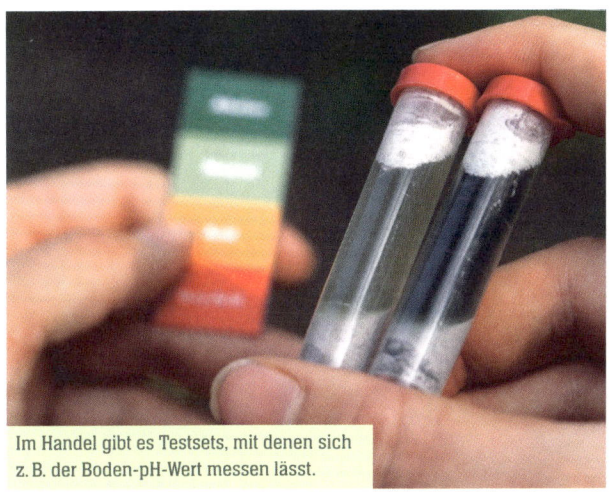

Im Handel gibt es Testsets, mit denen sich
z. B. der Boden-pH-Wert messen lässt.

Tipp

Kräuter oder Salate, die besonders häufig in deinem Speiseplan vorkommen, solltest du möglichst gut zugänglich an den Beetrand eines Hauptwegs platzieren.

Anlage und Vorbereitung des Ackers

Um im Sinne des Fruchtwechsels (siehe S. 112) die Anbauflächen der Gemüsearten regelmäßig wechseln zu können, sollte jeder Acker oder jeder Garten über vier, besser fünf oder mehr Beete verfügen. Damit du von beiden Seiten mit ausgestreckten Armen die Mitte der Beete erreichen kannst, legt man sie im Durchschnitt mit einer Breite von

1,2 m an. Wenn diese Breite für dich deutlich zu groß oder zu klein ist, liegt es natürlich nahe, das Maß anzupassen.

Zur Vorbereitung vor dem Säen und Pflanzen gehört es, auf dem Acker alle Wildkräuter mitsamt den Wurzeln zu entfernen und die Erde gründlich zu lockern und mit Kompost zu versorgen.

Zwischen den Beeten werden Wege von mindestens zwei Fußbreiten

angelegt. Wenn du sie mit unbehandelten Brettern auslegst, kannst du auch bei feuchter Witterung auf dem Acker arbeiten, ohne dir die Schuhe schmutzig zu machen. Allerdings empfiehlt es sich, regelmäßig die Schnecken abzusammeln, die sich tagsüber unter den Brettern verkriechen. Wenn du die Bretter über Winter an einem trockenen Ort lagerst, halten sie je nach Klima fünf bis zehn Jahre lang.

Gleich bei der Beetanlage jäten, den Boden lockern und Kompost einarbeiten.

Das Ziel ist eine krümelige Erde mit einem ausgewogenen Wasser- und Nährstoffhaushalt – hier gedeihen deine Schützlinge am besten!

Der Ackeralltag im Überblick

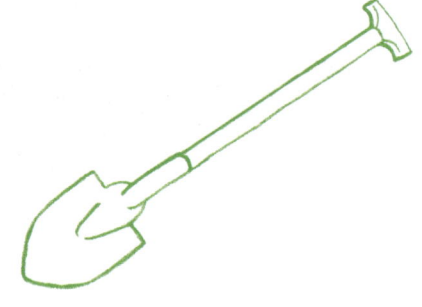

Hacken, jäten, gießen, pflanzen, säen ... und ernten. Auch auf dem Acker und im Garten gilt: Erst die Arbeit, dann das Vergnügen! Wobei wir vermuten, dass es dir letztlich ähnlich gehen wird wie uns. Die Arbeit auf dem Acker empfinden wir nämlich als einen wichtigen Teil des gesamten Ackervergnügens. Meditatives Hacken und Jäten, Leben spendendes Säen und Pflanzen, erfrischendes Gießen – alles eine Frage der Perspektive.

Alles beginnt mit dem Pflanzen und Säen. Hier wird es besinnlich und gefühlvoll. Du rufst etwas ins Leben – jede Pflanze und jedes Korn ein kleines Projekt.

Die Qual der Wahl

Zunächst einmal lernst du bei der Auswahl die verschiedenen Gemüsearten genauer kennen. Du hast ja sicher deine Vorlieben auf dem Speiseplan, und wenn du die deiner Mit-

bewohner oder Familie berücksichtigst, kannst du einen Plan aufstellen. Wobei nicht vergessen werden sollte: Eine ausgewogene Ernährung lebt nicht zuletzt von der Vielfalt!

Die Gemüsearten unterscheiden sich nicht nur in Geschmack und Zubereitung – sie stellen beim Anbau mitunter recht verschiedene Ansprüche. Das wird in einem späteren Kapitel bei den einzelnen Porträts noch ausgiebig behandelt werden.

Darüber hinaus stehen bei den meisten Gemüsearten zahlreiche Sorten zur Auswahl. Sie unterscheiden sich in vielerlei Merkmalen, nämlich hinsichtlich Wuchsform und -höhe, Anbau- und Erntetermin, Menge, Ausfärbung und Aroma des Ernteguts und nicht zuletzt durch

Der Lohn der Arbeit auf dem Acker:
eine herrlich frische große Rote Bete

Bei der Auswahl spielen Platzbedarf und Anbautermin eine wichtige Rolle.

Resistenzen gegen bestimmte Schaderreger.

Und es gibt noch mehr individuelle Eigenschaften. Bestimmte Bohnensorten beispielsweise können frei von Fäden und Gurkensorten frei von Bitterstoffen sein.

Kürbisse regen mit ihrer Vielfalt an Fruchtformen und Verwendungsmöglichkeiten sogar zum Sammeln an. Außerdem gibt es vor allem bei den Kräutern zahlreiche Sorten mit gestreiftem oder abweichend gefärbtem Laub, die sich vor allem zur dekorativen Gestaltung eignen. Es lohnt sich daher, vorher eine genaue Auswahl zu treffen. Aber nicht vergessen: »Bio« soll es sein! Das gilt auch für Saatgut und Jungpflanzen.

Direktsaat ins Beet

Die Aussaat von Gemüse ist eigentlich keine komplizierte Sache. Zwar müssen die Samen je nach Pflanzenart unterschiedlich tief in die Erde eingebracht werden und auch die Zahl der Samenkörner, die pro laufendem Ackermeter auszubringen sind, ist von Art zu Art unterschiedlich. Aber die Grundschritte sind immer identisch:

• Eine kleine Furche in der angegebenen Tiefe in den Boden ziehen, z. B. mit dem Griffende einer Kombihacke oder auch mit der Hand.

• Saatgut nach Angabe in die Reihe streuen und gegebenenfalls mit der Hand leicht andrücken.

• Saatgut je nach Bedarf mit Erde bedecken und leicht angießen – aber vorsichtig, damit die Samen nicht wieder ausgeschwemmt werden.

Die angesprochenen Besonderheiten der Kulturen (Saattiefe usw.) findest du in der Regel auch direkt auf der Verpackung des Saatguts.

Ganz wichtig beim Säen

Viel hilft nicht viel – im Gegenteil! Wenn du zu viel und zu dicht säst, entsteht unter den keimenden Pflänzchen Konkurrenz. Das kann sich negativ auf die Keimfähigkeit der Saat auswirken und führt später auch dazu, dass du die Keimlinge vereinzeln musst wie ein Weltmeister. Ein bisschen vereinzeln muss man allerdings immer, wie du weiter unten noch lesen wirst.

Je größer das Saatgut ist, desto mehr Wasser benötigt es zur Keimung. Frisch Gesätes sollte vor allem dann gegossen werden, wenn aufgrund langer Trockenheit keine Bodenfeuchtigkeit mehr vorhanden ist. Allerdings ist in diesem Fall unbedingt darauf zu achten, dass die Bodenoberfläche nicht verkrustet. Dies macht es den Samen schwer, mit den Keimblättern die Oberfläche zu durchstoßen.

Die Keimlinge sind auch in den folgenden Tagen und Wochen auf regelmäßiges Gießen angewiesen, wenn es nicht regnen sollte (siehe »Bewässern« S. 38). Sonst wird der einmal in Gang gesetzte Prozess der Keimung abrupt durch Wassermangel beendet – und die Keimlinge sterben ab.

Vereinzeln

Je nach Sorte brauchen Gemüsepflanzen mal mehr, mal weniger Platz, um sich bestens entwickeln zu können. Man spricht dabei vom optimalen Pflanz- bzw. Reihenabstand. Während jedoch die Einhaltung des Pflanzabstands beim Einsetzen von Jungpflanzen kein Problem darstellt, ist dies bei der Aussaat schwieriger zu gewährleisten.

Da nicht immer alle Samenkörner aufgehen, werden bei der Aussaat pro Meter mehr Samen ausgebracht, als dort letztlich Pflanzen stehen dürfen. Auf diese Weise kann man weitgehend sicher sein, dass eine zufriedenstellende Anzahl von Pflanzen anwächst. Wenn die Samen gut keimen, stehen die Pflänzchen allerdings in der Regel zu eng, sodass sie ausgedünnt werden müssen. Beim sogenannten Vereinzeln werden die überzähligen, zu eng stehenden Pflanzen herausgezogen, bevorzugt die kleinsten und schwächlichsten.

Natürlich ist es schade um jede einzelne Pflanze. Tut man dies allerdings nicht, können sich die übrigen Pflanzen nicht voll entwickeln. Rote Bete z. B. bildet in diesem Fall kaum Knollen aus.

Im Kapitel zu den einzelnen Gemüsekulturen findest du jeweils die optimalen Pflanzabstände. Auf Grundlage dieser Informationen kannst du bei Bedarf die aus den Samen hervorgegangenen Jungpflanzen vereinzeln.

Durch Vereinzeln sorgt man nach Aufgang der Saat für die richtigen Abstände.

Geschützte Vorkultur

Pflanzen aus sonnenverwöhnten Regionen sowie Gewächse, die eine längere Entwicklungszeit benötigen oder früh geerntet werden sollen, müssen an einem geschützten Platz vorgezogen werden, um zeitig in die Saison starten zu können.

Tomaten und Paprika benötigen dazu unbedingt einen beheizten Raum mit einer Temperatur von über 20 °C. Salat dagegen keimt bei solcher Wärme schlechter als bei kühleren Temperaturen. Robustere Arten wie Kopfkohl kommen deshalb auch mit dem Frühbeet zurecht.

Wenn du nicht über ein Gewächshaus verfügst, reicht in der Regel auch ein Fensterbrett für die Anzucht Wärme liebender Arten. Sobald die Pflänzchen gekeimt sind, sollten sie möglichst hell, aber nicht mehr über der Heizung stehen. Denn dort ist die Luft zu warm und

zu trocken. Mit schwächlichen, langstieligen oder gar kranken Jungpflanzen ist nämlich kein großer Ernteerfolg zu erringen.

Gefäße und Substrate

Für die Aussaat verwendest du am besten relativ flache Gefäße, die über Abzugslöcher verfügen müssen, damit überschüssiges Wasser ungehindert abfließen kann. Das ist wichtig, weil Samen und Keimlinge in stehender Nässe leicht zu faulen beginnen.

Als Aussaaterde sind feinkörnige, nährstoffarme Substrate zu bevorzugen. Achte unbedingt darauf, dass die Erde biozertifiziert ist. Sonst werden die jungen Pflänzchen von Anfang an völlig falsch erzogen – und das Prädikat »bio« ist dahin.

Besonders praktisch sind Presstöpfchen oder Multitopfplatten, in die du jeweils nur ein einzelnes Korn legst. Dadurch bildet sich ein fester Wurzelballen, der das Verpflanzen erleichtert. Außerdem

kannst du dir das Pikieren (siehe weiter unten) ersparen.

Aussaat im Gefäß

Nachdem das geeignete Substrat ins Aussaatgefäß gefüllt ist, glättest du die Oberfläche sorgfältig. Darauf werden die Samen möglichst gleichmäßig verteilt. Größere Samen legst du am besten einzeln ab. Bei besonders feinen Samen empfiehlt es sich, sie vorsichtig entweder aus der Tüte oder aus einem geknickten Papier zu »klopfen«.

Anschließend drückst du die Aussaat vorsichtig an und siebst eine feine Schicht Erde darüber. Sie darf in der Regel ebenso dick sein wie die Samen. Bei Salat genügt eine hauchdünne Bedeckung. Dann wird mit einer feinen Brause angegossen.

Indem du eine lichtdurchlässige Haube über das Ganze deckst, sorgst du für hohe Luftfeuchtigkeit und somit für beste Voraussetzungen, dass deine Schützlinge bald keimen. Notfalls behilfst du dir mit einer Glasplatte oder einem Stück Folie.

Pikieren

Sobald die Sämlinge erscheinen, brauchen sie möglichst viel Licht und ausreichend Platz. Deshalb solltest du in diesem Stadium die Abdeckung wieder entfernen. Und sobald die ersten Blätter gut zu fassen sind, müssen die Pflänzchen in größere Gefäße umgesetzt werden. Man nennt diesen Vorgang Pikieren.

Dazu nimmst du die Pflänzchen vorsichtig zwischen Daumen und Zeigefinger und lockerst gleichzeitig mit einem Hölzchen den Wurzelraum, sodass du die Wurzel herausziehen kannst und dabei möglichst wenig beschädigst. Überlange Pfahlwurzeln

Im Frühbeet können empfindliche Pflänzchen etwas früher angebaut werden.

In einer Multitopfplatte legt man die Samen einzeln in die Abteile.

allerdings darfst du gezielt mit den Fingernägeln abzwicken, denn dadurch regst du sie an, sich zu verzweigen. Dies ist besser, als sie beim Einsetzen zu knicken.

Zwischenzeitlich hast du ein neues Gefäß mit Substrat vorbereitet. Mithilfe eines (Pikier-)Holzes bohrst du ein ausreichend großes Loch in die Erde, in dem die Wurzeln Platz finden, ohne umgebogen zu werden. Damit die Wurzeln guten Kontakt zum Boden haben, werden sie beim Einsetzen mit dem Hölzchen seitlich angedrückt. Die Keimblätter sollten danach genauso hoch über der Erde stehen wie zuvor. Und zum Schluss: Erneutes Angießen nicht vergessen!

Vegetative Vermehrung

Mehrjährige Kräuter, Erdbeeren sowie Gemüsearten wie Rhabarber kannst du auch »vegetativ« vermehren, das heißt nicht aus Samen, sondern durch Teilung oder Bewurzelung bereits gewachsener Pflanzenteile. Damit lässt sich erreichen, dass man eine genetisch identische Nachkommenschaft erhält, was bei der »sexuellen« Samenvermehrung seltener gelingt. Vor allem aber ist es oft eine besonders einfache Methode, vorhandene Arten zu vermehren.

Teilen alter Stöcke

Am einfachsten funktioniert die Teilung alter Stöcke. Kräuter wie Zitronenmelisse und Liebstöckel beispielsweise sollen auf diese Weise alle drei bis vier Jahre verjüngt werden, Rhabarber etwa alle acht Jahre – und dabei vervielfacht sich die Anzahl der Pflanzen.

Dazu musst du nur im Frühjahr oder Herbst die Wurzelballen ausgraben. Größere Stöcke kann man mit dem Spaten teilen, während für kleinere Ballen ein scharfes Messer genügt. Manchmal lassen sich die Wurzeln sogar mit der Hand auseinanderreißen.

Wenn du den Standort für die Neupflanzung gefunden hast, bereitest du eine ausreichend große Pflanzgrube vor. Deren Boden und Wände kleidest du am besten mit Reifkompost aus (siehe S. 43).

Ausläufer und Stecklinge

Bei Arten, die oberirdische Ausläufer bilden wie Pfefferminze oder auch Erdbeeren, ist die vegetative Vermehrung ebenfalls sehr einfach: Du nimmst einfach diese Pflanzenteile ab und pflanzt sie neu ein. Beim Meerrettich wiederum musst du nur die fleischigen Wurzelstücke ausgraben. Wenn du sie in mehrere Stücke teilst und eingräbst, treibt jedes einzelne Stück wieder aus und bildet eine neue Pflanze.

Ein wenig mehr musst du bei der Stecklingsvermehrung tun. Sie funktioniert z. B. sehr gut bei mehrjährigen Kräutern, die zum Verholzen neigen, wie Salbei, Thymian, Rosmarin und Lavendel. Schneide dazu im frühen Sommer

Erdbeeren werden selten durch Samen vermehrt, sondern mithilfe ihrer Ausläufer.

Mehrjährige Kräuter wie der Thymian lassen sich durch Stecklinge vermehren.

mit einem scharfen Messer unverholzte, etwa 10 cm lange Triebspitzen ab und befreie die unteren zwei Drittel von Laub. Dieser Triebteil wird nun in lockeres, eher nährstoffarmes Substrat gesteckt. Um die Luftfeuchtigkeit zu erhöhen, damit die noch unbewurzelten Stecklinge nicht so leicht vertrocknen, kannst du diese (wie die Aussaatgefäße) mit einer durchsichtigen Haube abdecken. Wenn der Standort vor praller Sonne geschützt ist und keine Fäulniserreger vorhanden sind, bilden die Stecklinge innerhalb weniger Wochen Wurzeln.

Auspflanzen ins Freie

Sind die Jungpflanzen schließlich kräftig genug, können sie ins Freie gepflanzt werden, sobald es die Witterung zulässt. Bei den frostempfindlicheren Arten musst du dafür die letzten frostgefährdeten Nächte abwarten. Früher galten die Eisheiligen Mitte Mai als Starttermin dafür. Mittlerweile ist es oft schon weit zuvor verführerisch warm. Trotzdem ist man nicht vor letzten Frösten sicher. Wenn du eine frühere Auspflanzung wagst, kannst du zwar einige Wochen Vorsprung gewinnen – aber du riskierst dadurch auch, dass du die frostempfindlichen Pflänzchen komplett verlierst.

Vor dem Auspflanzen härtet man die Pflänzchen ab. Durch wiederholtes Lüften (Fenster öffnen) kannst du sie langsam an kühlere Temperaturen sowie an die UV-Strahlung der Sonne gewöhnen. Trotz solcher Maßnahmen empfiehlt es sich, für die Auspflanzung einen bedeckten Tag zu wählen. Vor allem in den ersten Tagen solltest du außerdem den Pflanzennachwuchs notfalls durch eine Abdeckung vor Sonnen- oder Kältestress bewahren.

Alternative: Jungpflanzen kaufen

Falls du nicht rechtzeitig aussäen konntest oder sich aus anderen Gründen Lücken auf deinem Acker ergeben, kannst du natürlich auch eine »Abkürzung« nehmen – und vorgezogene Jungpflanzen beim Biogärtner besorgen. Schau dich rechtzeitig nach einem geeigneten Lieferanten in erreichbarer Umgebung um. Freilich musst du in solchen Fällen mit den verfügbaren Sorten vorlieb nehmen. Dafür liefert der Gärtner die Pflänzchen meist mit einem stabilen Wurzelballen, der das An- und Weiterwachsen erleichtert.

Und so wird gepflanzt

Bei der Wahl des Standorts auf deinem Acker und im Garten ist natürlich wieder der jeweils empfohlene Pflanzabstand der Gemüsekulturen zu berücksichtigen. Jedes Pflänzchen muss licht und luftig stehen

Nicht nur Kürbisse dürfen erst ins Freie, wenn die Frostgefahr vorüber ist.

und sich unbedrängt entwickeln können. Im Zweifelsfall kannst du die optimalen Abstände mit einem Stäbchen in der entsprechenden Länge markieren. Ein Beispiel: Kürbisse benötigen viel Platz um sich herum, der empfohlene Pflanzabstand beträgt 100 cm. Optimalerweise solltest du eine solche Pflanze also 50 cm von der Grenze deines Beetes oder Ackers setzen.

Um jeweils ein angemessenes Pflanzloch für die vorgezogenen oder zugekauften Jungpflanzen auszuheben, benutzt du eine Handschaufel oder das flache Blatt einer Kombihacke. Wenn der Boden optimal locker ist, geht es sogar mit bloßen Händen. Anschließend setzt du die Jungpflanze mit möglichst intaktem Erdballen ein, füllst das Loch mit Erde auf und drückst sie leicht an. In der Regel soll danach der Wurzelhals nicht tiefer stehen als zuvor. Zu tief gepflanzter Salat beispielsweise wird

leicht von Fäulnis befallen. Aber manche Arten verhalten sich auch anders. Entsprechende Infos findest du jeweils bei den einzelnen Gemüsekulturen. Zum Schluss schlämmst du die Erde mit ausreichend Wasser ordentlich ein.

Die größte Gefahr für die Setzlinge droht nach der Auspflanzung durch Schnecken. Wo erfahrungsgemäß mit heftigen Schneckenattacken zu rechnen ist, solltest du unbedingt geeignete Vorbeugungsmaßnahmen ergreifen (siehe S. 150).

Jungpflanzen in angemessenen Abständen ins Pflanzloch setzen

Erde an die Wurzel(-ballen) schieben und leicht andrücken.

Zum Schluss werden die Wurzeln sorgfältig mit Wasser eingeschlämmt.

Regionale Nahrungs-mittel

Energiesparend und umweltschonend

Seit einigen Jahren werben viele Initiativen mit der regionalen Vermarktung ihrer Produkte. Denn wenn Nahrungsmittel auf kurzen Wegen zum Kunden kommen, wird schon im Bereich der Handelskette eine enorme Menge an Energie eingespart, was die Umwelt schont.

Das gibt es nur hier!

Manche Sorten sind in Anpassung an die örtlichen Standortbedingungen (Boden, Klima) entstanden oder wurden aufgrund lokaler Ernährungsgewohnheiten an bestimmten Orten gezüchtet. Viele haben sich aufgrund ihrer besonderen Qualitäten dann im ganzen Land oder gar auf der ganzen Welt verbreitet, aber ein Teil blieb nur in der Region erhalten und wurde ausschließlich dort weitervermehrt. Zahlreiche Beispiele hierfür gibt es bei den Obstsorten.

Solidarität mit der Region

Häufig wird die regionale Vermarktung von Netzwerken getragen, die mitunter große Marken ins Leben rufen, wie z. B. »Unser Land«. Es ist allerdings wichtig zu beachten, dass »regional« nicht automatisch »bio« bedeutet. Auch Produkte, die direkt vor der Haustür erzeugt werden, können aus konventionellem Anbau stammen. Die Kombination aus »bio« und »regional« ist das entscheidende Merkmal. Und der Ackerheld kann sich in dem Bewusstsein sonnen: »Regionaler« als vom eigenen Acker auf den Tisch geht es gar nicht!

Esskultur mit regionalen Sorten und Spezialitäten

In der etwas gehobenen Gastronomie ist es heute oft üblich, dass für regionale Spezialitäten auch auf regionale Arten und Sorten zurückgegriffen wird. Mit Slow Food arbeitet sogar eine internationale Bewegung, die sich im Gegensatz zum »Fast Food« einer qualitativ hochwertigen Esskultur verschrieben hat, bevorzugt mit regionalen Produkten. Auch der Ackerheld trägt durch die Wahl einer an die regionalen Bedingungen angepassten Sorte zur Erhaltung der genetischen Vielfalt und der Vielfalt der Esskultur bei.

Reif – statt transportfähig

Die Pflanzen und Früchte können angesichts kurzer Transportwege zum optimalen Reifezeitpunkt geerntet werden. Gemüse und Obst werden bei optimaler Reife und damit bestem Geschmack geerntet und nicht etwa zu früh und unreif, um eine bessere Haltbarkeit beim Transport zu erzielen.

Reife, süße Tomaten beispielsweise sind weich, werden daher beim Transport leicht beschädigt und faulen dann rasch. Deshalb werden Tomaten aus Italien, Holland oder Spanien in der Regel abgeerntet, wenn sie noch hart sind, sodass sie ohne Einbußen verladen und befördert werden können. Die Nachteile dieses Vorgehens muss dann der Kunde in Kauf nehmen – nämlich die Einbußen beim Geschmack und bei den Nährstoffen.

Genetische Vielfalt erhalten

Die hessische Apfelsorte 'Dorheimer Streifling' oder die Brenn- und Schüttelkirsche 'Benjaminler' (Streuobstsorte des Jahres 2015 in Baden-Württemberg), der 'Weiße Trierer Weinapfel' (Pfalz), der 'Altländer Pfannkuchenapfel' (Hamburg) oder der 'Edelchrüsler' (Schweiz) sind nur ein paar einzelne Beispiele aus einer langen Liste kaum bekannter Sorten, die deswegen aber keineswegs wertlos oder unwichtig sind: Nicht nur in der jeweiligen Region erfüllen sie eine wichtige Aufgabe, sondern sie stellen in der Summe ein schier unerschöpfliches Reservoir für die genetische Vielfalt dar, aus der sich die Natur immer wieder bedienen kann. Deshalb engagiert sich manche Vereinigung für die Erhaltung solch selten gewordener oder sogar bedrohter Sorten.

Töpfe & Hochbeete

Tomaten liefern auch in ausreichend großen Gefäßen eine reiche Ernte.

Das Festbinden sorgt für einen sicheren Stand.

Kleine Gemüsearten lassen sich sogar in einzelnen Töpfchen anbauen.

Fehlt ein Garten, leisten Pflanzgefäße gute Dienste. Auch Hochbeete bieten beachtliche zusätzliche Pflanzmöglichkeiten – sei es im Garten oder in einem Innenhof.

Töpfe, Kübel, Kästen

Die Pflanzenkultur in Gefäßen ist mehr als nur ein Notnagel, wenn man keinen eigenen Garten, sondern nur einen Balkon oder eine Terrasse hat. Denn diese Anbauform hat mehrere Vorteile: Sie ermöglicht es, den Pflanzen unabhängig von den örtlichen Bodenverhältnissen ein spezielles Substrat zu bieten und sie individuell zu pflegen. Allerdings ist die Pflege unter Umständen aufwendiger, weil Wasser und Nährstoffe nur begrenzt gespeichert werden können. Doch ein Vorteil gilt immer: Der Anbau in Gefäßen macht mobil.

So wird es einerseits möglich, südländische Pflanzenarten bei uns sogar über Winter anzubauen, indem du sie im Sommer an ein optimal sonniges Plätzchen stellst und im Winter in einen geschützten Raum bringst. Andererseits lassen sich mithilfe geeigneter Gefäße die Pflanzen an jedem gewünschten Ort platzieren, auch auf befestigtem Boden. Wenn sie also gerade in einem besonders hübsch anzusehenden Stadium sind, kann man die Gefäße in Eingangsnähe oder auf die Terrasse stellen, und wenn Kräuter oder Gemüse erntereif sind, ziehen sie in Küchennähe um.

Viele der schwachwüchsigeren Gemüse lassen sich problemlos in Töpfen und Kästen von 20–25 cm Tiefe anbauen: allerlei Salate, Kohlrabi, Radieschen, Möhren, Zwiebeln, Rote Bete, Erdbeeren usw. Auch viele Kräuter kommen mit relativ wenig Substrat aus, wenn sie nur einen sonnigen Platz bekommen.

In größeren Pflanzbehältern von etwa 40 cm Tiefe und Durchmesser gedeihen auch wüchsigere Gemüse, wie die größeren Kohlarten, Paprika, Buschtomaten oder ein Rosmarinstrauch. Und wenn du Stabtomaten, Zucchini oder gar Stachelbeeren oder ein Johannisbeer-Hochstämmchen im Gefäß kultivieren willst, brauchst du Kübel mit einem Durchmesser von etwa 60 cm. Solche Gefäße lassen sich dann nur noch mithilfe eines Rollwagens oder Ähnlichem transportieren.

Das geeignete Gefäß

Das Gefäß sollte der Pflanze für ihre Entwicklung ausreichend Wurzelraum bieten und muss im Lauf der Zeit gelegentlich neu angepasst werden. Ansonsten sind bei der Auswahl kaum Grenzen gesetzt. Du kannst wählen zwischen Ton, Terrakotta, Keramik, Kunststoff, Metall und Holz. Damit winterharte Pflanzen in ihrem Pflanzbehälter draußen bleiben können, muss dieser frostbeständig sein. Als Hingucker eignen sich auch alte Gurkeneimer oder ähnliche Gefäße. Unverzichtbar sind Abzugslöcher, damit sich das Wasser nicht staut und die Wurzeln faulen lässt, sondern abfließen kann.

Gefäße aus Kunststoff lassen sich leicht transportieren und sind in der Regel am billigsten. Die Löcher sind hier

Tipp

Wenn mit stark kalkhaltigem Wasser gegossen wird, sollte man die Gefäße gelegentlich von den weißlichen Kalkablagerungen befreien. An Standorten, die ungeschützt den Niederschlägen ausgesetzt sind, muss überschüssiges Wasser regelmäßig aus Untersetzer oder Übertopf entfernt werden, bevor die Wurzeln zu faulen beginnen.

Kunststoffgefäße erlauben flexible Lösungen. Abzugslöcher nicht vergessen!

Selbst alte, mit Folie ausgelegte Kisten können kreativ für den (Mangold-)Anbau genutzt werden.

oft lediglich vorgestanzt, man muss sie vor der Bepflanzung durchstoßen. Besonders praktisch sind Balkonkästen mit integriertem Wasservorratsspeicher.

Holzkästen kannst du dir mit etwas handwerklichem Geschick selbst bauen. Da Holz, wenn es feucht wird, verrottet, solltest du es innen mit Folie auslegen.

Das Substrat

Im beschränkten Lebensraum eines Gefäßes ist es besonders wichtig, dass die Erde gewisse Qualitätskriterien erfüllt. Man muss nicht für jede Pflanze ein eigenes Substrat kaufen, wie die Namen auf den diversen Verpackungen leicht suggerieren. Aber du solltest auch nicht am falschen Ende sparen und die nächstbeste Billigerde aus dem Supermarkt verwenden. Konventio-

nelle Pflanzerden enthalten oft große Mengen an chemischem Dünger. Am besten ist eine torffreie Bioerde, die ausschließlich organisch gedüngt ist.

Aus je einem Drittel Reifkompost (siehe S. 43), lehmiger Gartenerde und Sand kannst du selbst Erde mischen. Da es dem sonst wertvollen Kompost meist an rasch verfügbarem Stickstoff mangelt, empfiehlt es sich, Hornmehl beizumischen: Etwa zwei Handschäufelchen stillen den Grundbedarf der Pflanzen in einem Balkonkasten von I m Länge.

Radieschen brauchen wenig Platz – aber ein gutes Substrat ist wichtig!

Mit Kompostzusatz lassen sich Kartoffeln sogar aus dem Kübel ernten.

Praktische Hochbeete

Ursprünglich wurde das Prinzip Hochbeet entwickelt, um hängiges Gelände zu terrassieren. Doch in den letzten Jahren hat diese Konstruktion auch im Flachland immer mehr Freunde gewonnen und das hat mehrere Gründe.

Man kann die Pflanz- und Pflegearbeiten sehr rückenfreundlich bewältigen: Säen, pflanzen, jäten, hacken – alles lässt sich bequem im Stehen oder sogar aus dem Stuhl erledigen.

Bei schlechten Bodenverhältnissen bietet das Hochbeet die Möglichkeit, das für den Pflanzenbau benötigte hochwertige Substrat einzufüllen. Hier können auch die anspruchsvollsten Gemüse angebaut werden.

Und schließlich strukturiert ein Hochbeet den Garten, es verleiht den Kräutern und Gemüsen einen ruhigen Rahmen. Mit einem Anstrich aus ökologischer Lasur oder Farbe wird es sogar zum Blickfang im Garten.

Egal, ob du eine Fertigkonstruktion wählst oder das Hochbeet selbst baust, solltest du den Aufwand nicht unterschätzen. Meist muss man alle paar Jahre neues Substrat nachfüllen, da sich das alte zersetzt.

Kurze Bauanleitung

Als Wandmaterial kann man abgehobelte Kanthölzer ebenso verwenden wie Rundlinge. Sehr natürlich wirkt eine Flechtwand aus Weidenzweigen. An den Ecken und auch an den längeren Seiten werden die Wände meist

Mit etwas handwerklichem Geschick kann man aus unbehandelten Brettern selbst ein Hochbeet bauen.

An ein erhöhtes Beet lässt sich mithilfe von vier Eckpfosten ganz leicht ein Kulturschutznetz anbringen, das Schädlinge fernhält.

durch Pfosten stabilisiert, die man etwa 50 cm tief in den Boden einschlägt. Aber genauso gut kann man ein Hochbeet wie eine Art »Kiste« konstruieren, die mit Nut- und Federbrettern umwandet, in sich stabil und notfalls sogar transportierbar ist.

In vielen Fällen erweist sich eine stabile Randauflage als nützlich, auf der man Samentüten, Werkzeuge oder auch einmal ein Glas abstellen kann. Um zu vermeiden, dass sich Wühlmäuse einnisten, sollte man auf dem Boden ein engmaschiges Drahtgitter einlegen.

Was im Hochbeet drin ist ...

Wenn der für das Hochbeet vorgesehene Platz zuvor bewachsen war, sollte man zunächst den Bewuchs abheben. Häufig wird empfohlen, als unterste Lage Astwerk und unverrottete Pflanzenabfälle aller Art (Laub, Schnitt- und Reinigungsabfälle) in das Hochbeet einzufüllen, weil dies beim Zersetzen Wärme und Nährstoffe freisetzt. Diese Rotteschicht kann mit der umgedrehten Rasennarbe abgedeckt werden.

Allerdings ist bei dieser Unterlage damit zu rechnen, dass immer wieder Substrat aufgefüllt werden muss, weil das Material beim Verrotten zusammensackt. Außerdem wirkt das allzu lockere Material wie eine Dränage, sodass man das Hochbeet häufiger bewässern muss. Will man dies vermeiden, reicht es auch, als unterste Schicht normale Gartenerde einzufüllen, sofern ausreichend Erde zur Verfügung steht.

Entscheidend ist, dass du oben eine mindestens 30 cm dicke Schicht aus hochwertiger Erde einfüllst, in der die Pflanzen stabil wurzeln und sich ihre Wasser- und Nährstoffansprüche weitestgehend erfüllen können.

Tipp

Mit einer Tröpfchenbewässerung wird eine regelmäßige und ebenso sparsame Wasserversorgung zum Kinderspiel.

Wichtig bei Wurzelgemüsen wie Möhren: Das Substrat muss tief genug sein.

Weil Hochbeete leicht austrocknen, ist eine Tröpfchenbewässerung ideal.

Töpfe & Hochbeete

... und was obendrauf wächst

Auf die Fläche des Hochbeets kannst du nach Belieben säen und pflanzen. Grundsätzlich gedeihen hier alle Gemüse und Kräuter. Und wenn eine Art besondere Ansprüche hat, wie zum Beispiel die Heidelbeere, die einen sauren Boden braucht, dann ist es ein Leichtes, ihr hier ein entsprechendes Substrat anzubieten.

Im Frühjahr fällt es nicht schwer, über das Hochbeet mithilfe von Drahtbügeln einen Vlies- oder Folientunnel zu spannen, um darunter die Pflänzchen etwas geschützt anzuziehen.

Rucola, Schnittlauch, Petersilie und Salbei, Möhren, Mangold, Buschbohnen, Fenchel, Sellerie, Brokkoli, Chinakohl und Buschtomaten – es gibt kaum eine Art, die diesen bevorzugten Standort nicht genießen würde. Rankende Arten wie Gurken oder die Erdbeeren mit ihren Ausläufern dürfen über den Rand des Hochbeets wachsen. Nur bei den straff aufrecht wachsenden Arten muss man aufpassen: Stabtomaten und Mais sind im Hochbeet nicht nur besonders windanfällig und

brauchen unbedingt Stützmaßnahmen, sie lassen sich in der Höhe auch schwieriger beernten – dazu braucht man dann eine Leiter. Deshalb sind sie für das Hochbeet weniger geeignet.

Ansonsten macht sich das Hochbeet nach Aufbau und Befüllung vor allem durch Erleichterungen bemerkbar und die Ernte der reifen Früchte nahezu auf Augenhöhe und der aromatischen Kräuter auf Nasenhöhe ist ein sinnlicher Spaß.

An einer Hauswand steht ein Hochbeet ganz besonders geschützt.

Halbhohe Hochbeete eignen sich sogar für hochwachsende Gemüse wie Bohnen.

Einfühlsame Pflege für Boden & Pflanzen

Es ist wie mit dem Aufräumen zu Hause. Wenn du eine gute Grundlage schaffst und regelmäßig am Ball bleibst, ist alles halb so wild.

Hacken und Jäten beispielsweise sind wichtige Aufgaben, vor allem in der ersten Hälfte der Saison. Unkraut bzw. Beikraut bedeutet für deine Gemüsepflanzen Konkurrenz um Licht, Feuchtigkeit und Nährstoffe. Das Unkraut sollte daher möglichst früh am Wachstum und an der Vermehrung gehindert werden. So bleibt der Unkrautdruck gering. Besonders Jungpflanzen leiden unter der Unkrautkonkurrenz und sollten deshalb immer besondere Zuwendung beim Jäten erhalten.

Es lohnt sich, zu Saisonbeginn konsequent und regelmäßig etwa alle zwei bis drei Wochen zu hacken und zu jäten. Dadurch schafft man eine solide Grundlage in der Unkrautbekämpfung und der Arbeitsaufwand pro Durchgang bleibt in einem erträglichen Rahmen. Etwa ab August sinkt der Unkrautdruck deutlich.

Diese Aktionen gehören zum unangenehmsten Teil des Ackerhelden-Daseins – so ehrlich müssen wir sein. Andererseits ist es unheimlich befriedigend, wenn Acker oder Garten nach getaner Arbeit förmlich »strahlen« und du siehst, was du geleistet hast. Das Phänomen kennen wir doch alle vom besagten Aufräumen, oder?

Dafür macht das Ernten umso mehr Spaß – je nach Gemüsesorte mit der Hand, der Hacke, der Schere oder der Grabegabel. Biogemüse direkt aus der Erde in deine Hände – ein extrem gutes Gefühl, so viel können wir dir sagen.

Mulchen – die schützende Bodenbedeckung

In der Natur schützt eine Schicht aus Pflanzenbewuchs oder abgestorbenen Pflanzenteilen das ganze Jahr über den Boden. Auch im Garten sollten wir dafür sorgen, dass die Erde nicht nackt und offen daliegt und den Elementen schutzlos ausgeliefert ist. Dies geschieht durch das Ausbringen einer Mulchschicht aus organischem Material wie Grasschnitt, Laub, Stroh von Biobetrieben und anderen schadstofffreien Pflanzenresten. Beim

Sämlinge können auch mit einer dünnen Schicht Kompost gemulcht werden.

Eine Strohschicht sichert die Bodenfeuchte, die Sellerie zur Knollenbildung braucht.

Hacken und Jäten sind wir schon auf dieses Prinzip gestoßen.

Eine Mulchschicht hilft dem Boden dabei, Feuchtigkeit zu speichern, indem sie die Verdunstung verringert, und sie schützt auch vor Verschlämmung. So fühlen sich die Bodenlebewesen wohler und es ist seltener notwendig zu gießen.

Gleichzeitig behindert Mulch die Entwicklung von nachwachsendem Unkraut, indem er die Licht- und Luftzufuhr einschränkt. In kleinem Stil entfaltet das organische Mulchmaterial sogar eine düngerähnliche Wirkung, da bei der Zersetzung der Pflanzenreste Nährstoffe frei und im Boden gespeichert werden. Alles zusammen kommt dem Wachstum der Gemüsepflanzen entgegen.

Am wertvollsten ist Mulchen bei sommerlicher Trockenheit sowie im Winter als wärmeisolierende Schicht. Zur Aussaatzeit

im Frühjahr, wenn der Boden sich erwärmen soll, ist es eher hinderlich.

Auf schweren Böden und in niederschlagsreichen Phasen kann die Mulchdecke schimmeln. Deshalb sollte sie in diesen Fällen nur wenige Zentimeter dick sein. Außerdem werden Schnecken von der verrottenden Biomasse angezogen und finden darunter einen idealen Unterschlupf. Deshalb solltest du an manchen Orten oder zu manchen Zeiten besser auf das Mulchen verzichten.

Hacken

Es klingt vielleicht banal, aber Hacken ist eine der wichtigsten Erfolgsgrundlagen für jeden Ackerhelden! Die Erdoberfläche offen zu halten bringt viele Vorteile mit sich. Unkraut wird an der Entwicklung gehindert, die Wasseraufnahmefähigkeit des Bodens verbessert, die Verdunstung von im Boden gespeichertem Wasser verringert und ein ungeliebter Untergrund für Schne-

cken geschaffen. Also regelmäßig fleißig hacken! Aber erst einmal der Reihe nach.

• Ganz wichtig: Bevor du das erste Mal hackst, solltest du einen sicheren Überblick haben, wo die Reihen der Vorbepflanzung verlaufen. Andernfalls läufst du Gefahr, dass du dein wachsendes Gemüse zerstörst. Wenn du dir nicht sicher bist, warte lieber noch etwas ab, bis du die Gemüsepflänzchen eindeutig erkennen kannst.

• Beim Hacken zwischen den Gemüsereihen wird das Unkraut knapp unterhalb der Erdoberfläche von der Wurzel abgehackt. Dabei sollte vorzugsweise trockenes Wetter herrschen, damit die Wurzeln der Unkräuter schnell vertrocknen und nicht wieder anwachsen.

• Unter solchen Umständen empfehlen wir, die Pflanzenreste einfach zwischen den Reihen bzw. um die Gemüsepflanzen herum liegen zu lassen (sofern sie keine Samen tragen). Durch diese Vorgehensweise ersparst du dir nicht nur die Arbeit, die Pflanzenreste abzuräumen und

Bereit zum Hacken – eine der wichtigsten Aufgaben für jeden Ackerhelden!

Nicht nur der Nachwuchs weiß den Erfolg deiner Pflegemaßnahmen zu schätzen.

zum Grünabfall zu transportieren, sondern verringerst auch noch den zukünftigen Hackaufwand, weil die Pflanzenreste wie eine dünne Mulchschicht wirken.

• Musst du bei feuchter Witterung Unkraut hacken, empfehlen wir, die Pflanzenreste vom Acker zu entfernen und auf dem Grünabfall zu entsorgen. Lässt man sie auf dem Beet, besteht Gefahr, dass sie faulen.

• Das Hacken spielt auch jenseits der Unkrautbekämpfung eine wichtige Rolle im Ackerhelden-Alltag: Der Boden sollte durch das Hacken offen gehalten werden, um die Feuchtigkeitsaufnahme zu erleichtern und das Verdunsten von Bodenwasser zu verhindern. Mehr dazu im Abschnitt »Bewässern«.

Zum Hacken eignen sich langstielige Geräte wie die Kombihacke oder eine Gartenkralle (auch Grubber genannt).

Jäten

Als Jäten bezeichnen wir das Entfernen einzelner Unkräuter (Beikräuter), häufig an Stellen, die sich nicht zum Hacken eignen. Um die Gemüsepflanzen nicht zu beschädigen, muss man die Unkräuter hier mit der Hand herausziehen oder mithilfe eines Handschäufelchens ausstechen. Besonders behutsam muss man in der Nähe von Jungpflanzen sein, um die zarten Pflänzchen und Wurzeln nicht zu beschädigen.

Manchmal wirst du es sicher schwierig finden, deine Gemüsepflänzchen vom Unkraut zu unterscheiden. Besonders wenn die Pflanzen noch sehr klein sind oder sich gerade erst aus dem Samenkorn über die Erdoberfläche hervorgearbeitet haben, ist ein gutes Auge gefragt.

Wir möchten dir zwei wertvolle Tipps geben:

• Nutze das Ausschlussprinzip – versuche nicht, das Unkraut zu identifizieren, sondern finde das von dir gesäte oder gepflanzte Gemüse. Alles andere kann gejätet werden.

• Finde die gerade Linie – identisch aussehende Pflänzchen, die in einer auffällig geraden Linie wachsen, sind mit größter Wahrscheinlichkeit dein Gemüse.

Wir empfehlen, gejätetes Beikraut als Mulchschicht zwischen bzw. in den Reihen liegen zu lassen (siehe »Hacken« S. 37). Wem diese Vorgehensweise zu unordentlich aussieht, der kann sein Beikraut auch als Grünabfall oder auf dem Kompost entsorgen, verzichtet dann aber auf die beschriebenen Vorteile.

Bewässern

Die Bedeutung und der Zeitaufwand für das Bewässern werden gemeinhin überschätzt. Es gibt natürlich auch in Deutschland Regionen und Wetterphasen, die eher heiß und trocken sind. Dort spielt zu gewissen Zeiten das Gießen eine wichtige Rolle. An durchschnittlichen, gemäßigten Standorten jedoch wirst du überrascht sein, wie wenig du im Durchschnitt des Jahres als Ackerheld gießen musst. Im Gegenteil, zu viel Wasser kann sogar kontraproduktiv sein! Aber das erklären wir gleich noch genauer.

Pflanzen richtig erziehen

Es klingt vielleicht erst einmal befremdlich, aber: Man kann und sollte seine Gemüsepflanzen in Sachen Bewässerung ein Stück weit erziehen. Die Devise heißt: positiver Trockenstress.

Gießt man die Pflanzen zu oft, haben sie keinen Anreiz, ein kräftiges und möglichst tief reichendes Wurzelsystem auszubilden, um vorhandene Bodenressourcen zu erschließen. Die Folge: Die Pflanzen wurzeln nur oberflächlich. Sie sind dadurch in Trockenperioden deutlich weniger widerstandsfähig und können außerdem weniger Nährstoffe aus dem

Einzelne Beikräuter im Wurzelbereich des Gemüses jätet man am besten von Hand.

Boden aufnehmen. Dies behindert das Wachstum und erhöht die Anfälligkeit für Krankheiten.

Hinzu kommt: Wenn man einmal anfängt, sein Gemüse häufig zu gießen, muss man es in der Folge in den von der Pflanze »gelernten« zeitlichen Abständen regelmäßig gießen, da die Wurzeln sich zukünftig auf das Gießwasser verlassen. Durch zu häufiges Gießen im Jugendstadium entsteht also eine Art Teufelskreis, da spätere Nachlässigkeiten für die Pflanzen schnell zu extremen Stresssituationen führen können. Sie haben eben nicht gelernt, sich unabhängig selbst zu versorgen.

Wenn man die Pflanzen hingegen fordert, auf ihr Wurzelwachstum vertraut und sie nur gießt, wenn sie offensichtlich »schlapp« sind und Wasser benötigen, wird man mit großer Wahrscheinlichkeit genau dieselben Erntemengen erzielen. Allenfalls kommt es zu kleinen Ernteverzögerungen von einigen Tagen.

Die richtige Weg ist also: Lieber seltener gießen und genau beobachten, ob die Pflanzen wirklich Wasser brauchen. Und wenn man dann gießt, dann bitte gleich so ausgiebig, dass die Pflanzen ihre Akkus aufla-

Regenwasser ist nicht nur sparsamer, sondern oft auch besser, weil kalkarm.

den können. Das gilt allerdings noch nicht für Jungpflanzen in der Phase ihrer Einwurzelung. Sie benötigen dauerhaft Feuchtigkeit, bis sie richtig »Fuß gefasst« haben.

Fazit: Lieber die Pflanzen genau beobachten und seltener, aber dafür intensiv gießen. Selbst in trockenen, heißen Hochsommerphasen reichen in der Regel ein bis zwei Gießtermine pro Woche. Dies gilt für Pflanzen in natürlichem Boden – in Gefäßen ist das natürlich etwas anderes. Hier muss man öfter gießen.

Einmal hacken ist besser als dreimal gießen
Am besten lernst du diesen Satz auswendig, denn du machst dir das Leben viel leichter, wenn du ihn befolgst. Und zwar im wahrsten Sinne des Wortes, denn du wirst deutlich weniger Gießkannen schleppen müssen!

Jungpflanzen und Saat benötigen ausreichende Feuchtigkeit zum Anwachsen bzw. Keimen. Aber dafür reicht oft schon die vorhandene Bodenfeuchtigkeit aus. Für die Wasserversorgung ist es deshalb enorm wichtig, die Erde durch regelmäßiges Hacken offen zu halten. So kann die Erde durch die vergrößerte Oberfläche und die gewonnene Durchlässigkeit besonders viel Feuchtigkeit aufnehmen, wenn nachts die Luft abkühlt und ihre Feuchtigkeit in Form von Tau an die Umgebung abgibt. Auch bei Regen wird das Wasser im offenen Boden besser aufgenommen. Darüber hinaus verdunstet nach dem Hacken deutlich weniger von dem in der Erde gespeicherten Wasser (»Bodenwasser«) als bei unbehandelter Oberfläche. Denn das Hacken unterbricht die Kapillarlei-

tungen, durch die das Wasser an die Oberfläche steigen kann, wo es bei Sonnenschein verdunstet.

Mit der Brause auf den Boden
Gewässert werden muss der Boden – nicht die Pflanze! Das Wasser sollte man also nicht auf die Blätter gießen, sondern auf den Boden rund um den Wurzelbereich. Nasse Blätter sind nämlich anfällig für Pilzinfektionen. Das gilt besonders im sommerlichen Klima. Zudem wird beim »Gießen von oben« besonders viel Wasser vergeudet, da ein großer Teil gar nicht erst in die Erde gelangt, sondern von der Pflanzenoberfläche verdunstet. Schließlich können Wassertropfen auf den Blättern bei Sonneneinstrahlung wie ein Brennglas wirken und sogar Verbrennungen hervorrufen.

Beim Gießen ohne Brauseaufsatz auf Schlauch oder Gießkanne ist die Gefahr größer, dass der Boden durch den kräftigen Wasserstrahl verdichtet oder verschlämmt. Daher ist es besser, eine Brause aufzusetzen, die das Wasser in feinen Strahlen verteilt. Auch wenn es manchmal schwieriger ist, damit an den Wurzelbereich zu gelangen.

Die richtige Tageszeit zum Gießen
Morgens ist die Gefahr, dass allzu viel Feuchtigkeit ungenutzt verdunstet, wesentlich geringer als tagsüber bei Sonnenschein – das wäre der ungünstigste Termin zum Gießen. Der Abend ist unter diesem Gesichtspunkt ebenfalls günstig. Zudem haben die Pflanzen dann die ganze Nacht Zeit, das Wasser zu verarbeiten und sich zu erholen.

Allerdings trocknen die Pflanzen abends langsamer ab, wodurch das

Mit einem Brauseaufsatz wird die Erde nicht so weggespült.

Risiko für Pilzinfektionen steigen kann. Darüber hinaus fühlen sich Schnecken durch die Wassergabe am Abend und die feuchte Kühle ermutigt, ihre Schlupfwinkel zu verlassen und unsere Gemüsepflanzen heimzusuchen. Deshalb ist der morgendliche Gießtermin am ehesten zu empfehlen.

Faustregeln
• Die Bodenfeuchtigkeit lässt sich prüfen, indem man einige Zentimeter tief gräbt. Nimmt der Boden in der Tiefe eine dunklere Farbe an, ist noch ausreichend Feuchtigkeit gespeichert.
• Wenn die Pflanzen morgens (nach der Nachtfeuchtigkeit) die Blätter hängen lassen, muss dringend gegossen werden.

Jungpflanzen richtig angießen
Setzt man neue Jungpflanzen, ist es wichtig, sie richtig »einzuschlämmen«. Das heißt: Nach dem Einsetzen des Erdballens und Andrücken der Erde ist der Wurzelbereich kräftig zu gießen. So wird der Boden dicht an die Wurzeln gespült und die

Jungpflanzen werden angeregt, ihre Feinwurzeln auszubilden.

Bei Trockenheit oder hohen Temperaturen sollte man die jungen Pflanzen so lange regelmäßig mit Wasser versorgen, bis sie eingewurzelt sind. Dies kannst du daran erkennen, dass die Pflänzchen anfangen, sichtbar zu wachsen. Danach sollte man im Hinblick auf die auf S. 38 beschriebene »Erziehung« deutlich zurückhaltender gießen, sofern es das Wetter und die Vorlieben der jeweiligen Gemüsekultur zulassen.

Auch nach dem Aufkeimen von Sämlingen sollte man sparsamer

gießen, damit die Pflanzen angeregt werden, ein tief reichendes Wurzelwerk zu bilden und sich aus verfügbarem Bodenwasser zu versorgen.

Düngen
Zu Beginn möchten wir dich nochmal dran erinnern: Bitte verwende nach Möglichkeit nicht irgendwelche Handelsprodukte aus dem Gartencenter oder Mischungen auf eigene Faust! Sonst kann es nämlich ganz schnell passieren, dass deine Ernteprodukte nicht mehr biologisch angebaut sind – und all der Stolz und die Freude über die heldenhaften Bio-Errungenschaften wären vergeblich.

Mittel zur Nährstoffzufuhr
Die handelsüblichen konventionellen mineralischen Volldünger bewirken keine Bodenverbesserung – im Gegenteil. Sie erschöpfen die Böden rasch und reichern sie mit Kalium und Phosphat an, während das Nitrat rasch als Belastung ins Grundwasser gelangt.

Bodenverbesserer auf organischer Basis oder natürlicher Herkunft wirken langfristiger und beleben die Bodenstruktur nachhaltig.

Wer weiß, wie man Jungpflanzen richtig gießt, erntet später reichlich Gemüse.

Kompost

Kompost ist ein preiswerter und eindrucksvoller Helfer bei nahezu allen Bodenproblemen. Auf Torf hingegen solltest du verzichten. Das saure Substrat schadet mehr als es nützt und bei seinem Abbau werden natürliche Moore zerstört. Deshalb ist biozertifizierte Erde häufig torffrei und in der reinen verbandszertifizierten Biolandwirtschaft ist die Bodenaufbereitung mit Torf verboten.

Produkte von Tieren

Auch tierische Abfallprodukte, wie gut verrotteter Rinderdung, Geflügel- Kleintier- oder Pferdemist, aktivieren das Bodenleben. Hornmehl gilt als wertvoller organischer Stickstofflieferant. Blut- und Knochenmehle sind durch die BSE-Krise in Verruf geraten und bei den ökologischen Anbauverbänden bereits seit Langem verboten.

Organische Mischdünger

Im Handel gibt es zahlreiche organische Mischdünger, die sich eigentlich für den biologischen Anbau eignen. Doch Vorsicht: Es gibt auch etliche »organisch-mineralische« Mischdünger – das heißt, das Organische dient erst einmal als Blickfänger, aber im Kleingedruckten erfährt man dann, dass doch mineralische Anteile enthalten sind. Solche Dünger sind nicht für den Bioanbau geeignet!

Ein idealer Dünger ist selbst hergestellter Kompost (siehe S. 42).

Pflanzenjauchen

Selbst hergestellte Pflanzenjauchen sind vorwiegend kali- und stickstoffhaltig und ein ausgezeichneter Flüssigdünger. Sie dürfen aber nur verdünnt ausgebracht werden. Vorsicht: Hülsenfrüchte und Zwiebelgewächse vertragen Pflanzenjauchen schlecht!

Für Brennnesseljauche sammelt man Pflanzen vor der Blüte, schneidet sie klein und gibt sie in ein Holz- oder Kunststofffass oder einen ähnlichen Behälter. Dann wird mit Wasser aufgefüllt und ein Gitter auf das Gefäß gelegt, damit keine Tiere hineinfallen können. Der Ansatz beginnt rasch zu gären und muss einmal pro Tag umgerührt werden. Etwas Steinmehl bindet unangenehme Gerüche. Nach eineinhalb bis drei Wochen schäumt die Jauche nicht mehr und ist fertig zum Gebrauch. Man verdünnt sie etwa 1 : 10 mit Wasser und gießt in den Wurzelbereich der Pflanzen.

Bitte beachte auch, dass im biologischen Anbau nicht nur die Art der zugelassenen Düngemittel streng reguliert ist, sondern auch die auf der Gesamtfläche auszubringende Menge. Deshalb auf keinen Fall düngen nach dem Motto »viel hilft viel«, sondern am besten ganz gezielt nach einer Bodenuntersuchung.

Schädlingsbekämpfung

Im Gegensatz zur konventionellen Landwirtschaft, wo eine große Vielfalt von giftiger Chemie in Form von Pestiziden eingesetzt wird, gibt es im ökologischen Pflanzenbau der Verbände Bioland, Demeter und Naturland viele sinnvolle Einschränkungen und strenge Richtlinien im Hinblick auf die Schädlingsbekämpfung. Dennoch gibt es natürlich auch ökologisch vertretbare und verträgliche Mittel und Maßnahmen. Für das Gärtnern unter ökologischen Gesichtspunkten ist es enorm wichtig, dass du keine eigenen Mittel zur Schädlingsbekämpfung auf den Acker bringst – dabei ist es egal, ob es sich um professionelle oder hausgemachte Mittel handelt.

Wir geben dir am Ende des Buchs und teils in den Gemüseporträts für die häufigsten Schädlinge Informationen zu erlaubten Hilfsmitteln und Vorgehensweisen, mit denen du dem Befall meist erfolgreich begegnen kannst (siehe S. 150 ff.).

Kulturschutznetze

Ein wirksames und absolut unschädliches Mittel gegen vielerlei Schädlinge sind Kulturschutznetze, die aufgrund ihrer Feinmaschigkeit Schutz gegen Gemüsefliegen (z. B. Möhrenfliege), Schadraupen, Blattläuse, Weiße Fliege usw. bieten. Wir empfehlen den Einsatz solcher Netze wärmstens.

Von einer Gabe wertvollen Komposts profitiert jeder Boden.

Mithilfe eines Kulturschutznetzes lassen sich zahlreiche Schädlinge fernhalten.

Kompost – der Stein der weisen Gärtner

Mit etwas Know-how stellt der biologische Gärtner und Ackerheld aus den Abfällen des eigenen Gartens das wertvollste Substrat zur Düngung und Bodenverbesserung her: den Kompost.

Richtig kompostieren

Damit der gewünschte Kompost entsteht, kommt es in erster Linie auf die richtige Zusammensetzung an. Ob umrahmter Platz oder freiliegender Haufen, ist für das Ergebnis egal. Im geschlossenen Behälter allerdings muss genauer auf die ausgewogene Befeuchtung des Materials geachtet werden.

Ideal ist eine vielfältige Mischung unterschiedlichster organischer Materialien (feucht und grün, trocken und holzig), damit sich all die fleißigen Rotteorganismen davon ernähren und das gewünschte krümelige Humussubstrat herstellen können. Aber genauso wichtig ist ein lockeres Aufsetzen des Materials, sodass der Prozess unter Beteiligung von Sauerstoff stattfinden kann. Aus diesem Grund wird häufig auch empfohlen, die Kompostmiete ein- oder gar mehrmals umzusetzen, denn dies beschleunigt den Verrottungsprozess.

Rasenschnitt, Rückstände vom Gemüse, verwelkte Pflanzenteile, abgeschnittene Äste von Gehölzen – solche Abfälle fallen laufend im Garten an und können problemlos kompostiert werden, insbesondere wenn man sie entsprechend zerkleinert.

Küchen- und Haushaltsabfälle dagegen weisen relativ hohe Salzgehalte auf und sollten nicht in zu hohen Mengen beigemischt werden.

Beschränkt geeignet sind auch Pflanzenteile, die von Krankheiten befallen sind. Zwar werden viele Keime während des Kompostierungsprozesses, insbesondere bei der Heißrotte, unschädlich gemacht. Einige Krankheitserreger jedoch überdauern diese Bedingungen, zum Beispiel Kohlhernie, Feuerbrand und Monilia. Derartig befallene Pflanzenteile entsorgt man besser in der Mülltonne.

Geschlossene Behälter kompostieren schneller – wenn man die Feuchtigkeit gut regelt.

Tipp

Samen sowie Wurzeln von Unkraut verlieren ihre Keimfähigkeit, wenn du sie vor dem Kompostieren 14 Tage in Wasser verjauchen oder die Wurzeln in der prallen Sonne liegen lässt.

Und was kommt dabei heraus?

Man unterscheidet zwischen Roh- oder Frischkompost, der drei bis sechs Monate jung ist, und Reifkompost, der ein halbes bis ein ganzes Jahr lang gerottet hat.

Rohkompost enthält noch in großem Anteil aktive Mikroorganismen und halb verrottete Materialien, was für eine beschleunigte Freisetzung von Nährstoffen sorgt und somit auf die Pflanzen wie eine Düngung wirkt.

Reifkompost hingegen ist besonders und dauerhaft wertvoll für die Struktur des Bodens, insbesondere der schwerer Böden, denn er enthält viel Dauerhumus.

Der Nährstoffgehalt des Komposts ist allerdings auch stark abhängig von den verwendeten Ausgangsmaterialien. Zusätze wie Mist und Küchenabfälle sind in der Regel deutlich gehaltvoller als normale Gartenabfälle.

Verwendung

Früher hat man den Kompost im Herbst »geerntet« und ausgebracht. Aufgrund der winterlichen Auswaschungen ins Grundwasser jedoch wird davon heute abgeraten.

Gleich bei der Ernte sollte man den Kompost grob aussieben. Unverrottete Teile gibt man wieder auf die Miete zurück.

Wenn im Frühjahr die Beete für die Aussaaten und Pflanzungen vorbereitet werden, sollte man ausschließlich Reifkompost verwenden. Denn die Stoffwechselprodukte des aggressiveren Rohkomposts könnten die empfindlichen Keimlinge und Jungpflanzen schädigen.

Junger Rohkompost sollte wie Mulch auf der Oberfläche liegen bleiben und in den ersten Wochen laufend feucht gehalten werden. Reifkompost dagegen darf flach eingearbeitet werden – je leichter der Boden, desto tiefer.

Du solltest wissen, dass man auch mit Kompost überdüngen kann:

Insbesondere die Phosphor-, Kali- und Magnesium-Werte sind durch zu reichliche Kompostgaben in vielen Gärten überhöht. Um die Versorgung mit diesen Nährstoffen zu sichern, genügt bereits eine 1 cm hohe Kompostschicht pro Jahr. Lediglich der Stickstoff kommt bei der Kompostdüngung zu kurz und muss bei Bedarf zusätzlich verabreicht werden.

Um einen Quadratmeter 1 cm hoch mit Kompost zu bedecken, braucht man exakt einen 10-Liter-Eimer voll. Mit einer vollen Schubkarre lassen sich etwa 5 m² bedecken. Bei der Neuanlage von Beeten sowie zur Düngung starkzehrender Gemüsearten darf die ausgebrachte Kompostdecke jedoch auch einmal mehrere Zentimeter hoch sein.

Grundsätzlich soll der Kompost nicht in einer einzigen jährlichen Gabe verabreicht werden: Die anhaltendste Wirkung ist zu erwarten, wenn du ihn in drei bis vier Schritten ausbringst.

Aus solchen Abfällen wird innerhalb eines Jahrs ein wertvolles Substrat.

Vor allem im Herbst kommt rasch eine Menge Material zusammen.

Ernten

Ernten kann man im Grunde instinktiv. Ein Beispiel: Der Kohlrabi sieht gut und appetitlich aus, ist schön groß – also schneide ich ihn ab. In den meisten Fällen kommt man so auch zurecht. Trotzdem gibt es ein paar Dinge, die man wissen und bei der Ernte beachten sollte. So sollte besagter Kohlrabi zum Beispiel nicht zu groß werden, da er sonst verholzt.

Deshalb findest du im Kapitel bei den verschiedenen Gemüsekulturen individuelle Hinweise zum Ernten.

Aber es gibt auch einige grundsätzliche Regeln zum richtigen Ernten, die wir dir im Folgenden vorstellen.

Für den sofortigen Verbrauch müssen Salate, Gemüse und Kräuter nicht immer ausgewachsen sein. Oft kannst du schon Teile einer Pflanze ernten und die Pflanze wächst anschließend weiter.

Bei vielen Blattkräutern ist unmittelbar vor der Blüte der beste Erntetermin. Auch Köpfe beim Gemüse gehen später oft in Blüte (sie »schießen«), wodurch sich die bevorzugten Pflanzenteile schlechter ernten lassen, verholzen, einen bitteren Geschmack annehmen oder Abbauprozessen unterliegen.

Besonders wichtig ist der richtige Erntetermin, wenn ein Erntegut gelagert werden soll. Einerseits sollte es möglichst ausgereift sein, andererseits rechtzeitig vor dem Auftreten von Krankheiten oder Frostschäden abgeräumt werden.

Die Nährstoffgehalte unterliegen innerhalb des Tages Schwankungen. Am höchsten sind sie jeweils am Morgen.

Grundsätzlich sollte man lieber etwas früher als zu spät ernten, dann ist das Gemüse zarter und knackiger.

Bei heißer und trockener Witterung ist es besonders wichtig, dass du den richtigen Termin nicht verpasst. Bei kühlem Klima dagegen geht die Entwicklung langsamer voran.

Wurzeln wie die Möhren werden am besten mit der Grabegabel ausgehoben und gleich von größeren Erdbrocken befreit. Waschen sollte man sie allerdings erst unmittelbar vor dem Verbrauch.

Lass das Erntegut keinesfalls in der prallen Sonne stehen! Bewährt hat sich das Abdecken mit einem feuchten Tuch, darunter bleibt es länger frisch.

Lagern

Für eine längere Lagerung eignen sich bevorzugt die kopfbildenden Blattgemüse sowie Wurzelgemüse, die frei sind von Verletzungen,

Bei vielen Kräutern kann man einzelne Blätter und Triebe nach Bedarf ernten.

Bei Teilernten ist darauf zu achten, dass das »Herz« der Pflanze nicht beschädigt wird.

Schädlings- oder Krankheitsbefall. Deshalb ist das Erntegut vor und während der Einlagerung möglichst sorgfältig zu behandeln.

Dein organisch gezogenes Gemüse ist dabei grundsätzlich besser haltbar als konventionelles Gemüse, das mit schnell löslichen Mineraldüngern versorgt worden ist. Deren aufgedunsenes Gewebe ist deutlich anfälliger für Schädlinge, Krankheiten und Verdunstungsverluste.

Einschlag und Erdmiete

Zum Ende der Saison kannst du die noch nicht benötigten Gemüse so lange auf dem Beet stehen lassen, bis Schäden durch andauernde Fröste drohen. Selbst dann kann man es aber noch an einem geschützten Platz, z. B. an der Hauswand oder unter einem Vordach, einschlagen und draußen lassen. Eine Abdeckung mit Schilfmatten oder Stoffen hilft, einzelne Nachtfröste zu überstehen.

Traditionsgemäß kann Gemüse in Erdmieten aufbewahrt werden. Dazu hebt man den Boden ein bis zwei Spaten tief aus, kleidet die Grube mit Maschendraht (gegen Mäuse) aus und füttert sie schließlich mit Laub, Stroh oder auch Sand aus. In diese Miete kannst du das Gemüse lagenweise einschichten und wiederum mit Einlagematerial abdecken. Zum Schluss kommt noch eine etwa 10 cm starke Erdschicht darüber. Auch Frühbeetkästen, eingegrabene Wannen, Drahtkörbe oder gar alte Waschmaschinentrommeln lassen sich in der beschriebenen Weise nutzen.

Der ideale Lagerraum

Am einfachsten ist es, wenn du über einen Raum verfügst, der gute Eigenschaften zum Lagern mitbringt. Besonders günstig ist ein frostsicherer, eher dunkler Raum mit Temperaturen um etwa 5 °C sowie hoher Luftfeuchtigkeit. Wurzelgemüse darf sogar sehr nahe am Gefrierpunkt gelagert werden. Außerdem sollte sich der Raum gut lüften lassen. Ein alter Naturkeller mit einem Boden aus gestampfter Erde oder Ziegeln erfüllt diese Bedingungen in idealer Weise. Aber wer hat den noch? Die modernen Keller sind oft zu warm und trocken. In solchen Fällen kannst du die Luftfeuchtigkeit erhöhen, indem du wassergefüllte Schalen aufstellst oder den Boden regelmäßig mit Wasser besprengst.

Oft lässt sich auch ein frostfreier Wintergarten, ein Gartenhaus oder eine Garage für die Lagerung nutzen.

Das Erntegut wird am besten schichtenweise in Eimer, Kisten oder Wannen gelegt und mit Stoffen abdeckt.

Tipp

Obst und Gemüse dürfen nicht gemeinsam in einem Raum lagern! Denn die reifen Früchte sondern Ethylen ab. Und dieses Gas kurbelt beim Gemüse die Stoffwechselprozesse an, sodass einige Arten austreiben und andere welken oder ihren Geschmack verändern.

Stark wasserhaltige Früchte wie Tomaten lassen sich nicht lange lagern.

Zwiebeln sollten auf dem Beet gut abtrocknen, damit sie sich lange lagern lassen.

Trocknen, einkochen & Co.

Trocknen

Wasserentzug ist eine der ältesten Methoden der Menschheit, Lebensmittel zu konservieren. Natürlicherweise sorgen Wärme und Bewegung der Luft für Austrocknung. Und je schneller dieser Prozess vorangeht, desto weniger Chancen haben Fäulniserreger. Trotzdem ist pralle Sonne oder zu große Erhitzung in einem Ofen nachteilig, weil dabei viele Nährstoffe verloren gehen und die Oberfläche der Lebensmittel verkrusten kann. Deshalb ist zum Trocknen von Blättern (Kräuter!) ein schattiges, aber luftiges Plätzchen in der Regel zu bevorzugen. Größere Mengen oder z. B. Fruchtschnitze kann man bei 30–50 °C im leicht geöffneten Backofen trocknen. Will man größere Mengen trocknen, schafft man sich einen elektrisch betriebenen Dörrapparat an.

Einkochen

Einkochen war die von unseren Großmüttern bevorzugte Methode, Lebensmittel haltbar zu machen. Das Geheimnis: Die Keime werden beim Erhitzen abgetötet und die Lebensmittel anschließend unter Luftabschluss aufbewahrt. Wenn man beim Einkochen dann auch noch gleich die passenden Gewürze beigibt, kann man im Herbst und Winter bei Bedarf unverzüglich »ans Eingemachte« gehen – es muss vor dem Verzehr nur noch erwärmt werden. Voraussetzung ist, dass man genug in der Größe passende und gut verschließbare Gläser sammelt. Ein dunkler, kühler Keller ermöglicht dann eine weitgehend nährstofferhaltende Aufbewahrung.

Einfrieren

Bei vielen Nutzpflanzen bleiben die Nährstoffe am besten bei sehr tiefen Temperaturen erhalten. Allerdings vertragen nicht alle Gemüsearten das Einfrieren: Blattsalate werden schlaff, Gurken und Tomaten verlieren ihre Knackigkeit. Strukturstabilere Gemüse dagegen, wie Rosenkohl, Blumenkohl, Kohlrabi, Erbsen und Bohnen, haben kein Problem mit dem Frost. Zuvor empfiehlt es sich oftmals, das Gemüse zu blanchieren, es kurzzeitig in kochendem Wasser zu garen und anschließend mit Eiswasser abzuschrecken. Beeren wie etwa Johannisbeeren sollte man einzeln auf einem Blech gefrieren, bevor man sie in ein Gefäß oder einen Gefrierbeutel füllt.

Kompott und Fruchtmus

Rhabarber oder die verschiedenen Beeren lassen sich für die Aufbewahrung auch zu leckerem Kompott oder Fruchtmus verarbeiten. Das Obst wird, wenn nötig, geschält, zerkleinert, gekocht, passiert, gezuckert und dann möglichst heiß in saubere Gläser gefüllt und mit Schraubdeckeln verschlossen.

Einlegen

Das Einlegen in Essig eignet sich nicht nur für Kräuter – auch Gemüse wie beispielsweise Kürbis, Blumenkohl, Paprika, Möhren, Mais und vieles mehr können so über mehrere Wochen oder Monate haltbar gemacht werden. Ebenso kann Gemüse in Öl oder Salz eingelegt werden, wohingegen man Alkohol und Zucker vorrangig zum Einlegen von Obst verwendet.

Milchsaures Gemüse: Sauerkraut & Co.

Die milchsaure Gärung als Konservierungsmethode gibt es seit Jahrtausenden. Sie ist einfach und schonend und erzeugt besonders gesunde Lebensmittel, so zum Beispiel das bekannte Sauerkraut. Dabei wird durch das Stampfen des Gemüses der Sauerstoff verdrängt und unter diesen Umständen nehmen die Milchsäurebakterien ihre Arbeit auf. Sie hemmen das Wachstum von schädlichen Mikroorganismen und fördern die Erhaltung von Vitaminen. Außer Weißkraut kann man auch andere Kohlarten und Paprika sowie zahlreiche Kürbis- und Wurzelgemüse milchsauer einmachen. Durch Gewürze lässt sich das Ergebnis zusätzlich verfeinern.

Werkzeug für die Helden

Da es auf dem Acker auch mal schmutzig und matschig zugehen kann, empfehlen sich als Grundausrüstung Gartenhandschuhe, ackerfeste Kleidung und entsprechendes Schuhwerk, z. B. Gummistiefel. Bei Sonnenschein solltest du an eine Kopfbedeckung und Sonnenschutzmittel denken.

Ansonsten gibt es eine ganze Reihe nützlicher Utensilien, mit denen du den Boden bearbeiten, gießen und die Pflanzen zuschneiden sowie Erde und Erntegut transportieren kannst.

Grabegabel

Die Grabegabel ist das unerlässliche Werkzeug für die Kartoffelernte und unterstützt dich generell bei der Ernte von Wurzel- und Knollengemüsen. Bei der Verwendung solltest du

darauf achten, nicht zu viel Hebelwirkung auszuüben, falls der Boden etwas fester sein sollte, weil sonst die Zinken sehr leicht verbiegen. Durch rüttelnde Bewegungen lässt sich bei Bedarf das Erdreich auflockern.

Spaten

Wenn es darum geht, schwere Böden umzugraben, ist ein Spaten besser geeignet als die Grabegabel. Auch zum Abstechen lockeren Bodens ist der Spaten die erste Wahl.

Kombihacke

Kombihacken haben ein flaches Blatt auf der einen und Zinken auf der anderen Seite. Sie eignen sich bestens zum Hacken und Lockern des Bodens zwischen den Reihen. Die kurzstielige Variante kannst du als Unterstützung beim Unkrautjäten

in den Reihen sowie beim Graben von Pflanzlöchern einsetzen.

Grubber (Gartenkralle, Dreizink)

Der Grubber erfüllt im Wesentlichen den gleichen Zweck wie eine Hacke: Er dient der Unkrautentfernung und Bodenlockerung. Dabei lässt sich mit dem Grubber eine feinere Krümelung des Bodens erzielen. Außerdem lässt er sich recht leicht durch den Boden ziehen und ist daher erste Wahl für die Bearbeitung größerer Flächen. Gegen tiefwurzelndes Unkraut kommt er allerdings nicht so gut an wie die Kombihacke, besonders auf schwereren Böden.

Krail (Kultivator)

Diese Geräte besitzen längere Zinken (Krail) bzw. »Pfeilspitzen« (Kultivator) an ihrem Ende, sodass du damit zum Lockern etwas tiefer in den Boden eindringen kannst als mit dem Grubber.

Sauzahn

Mit diesem einzinkigen Bodenlockerer kannst du auch zwischen den dichtesten Reihen verkrusteten Boden aufbrechen.

Schuffel (Bügelzughacke)

Der Traum zum Unkrautjäten! Die Schuffel ist eine Sonderform der Hacke, die nicht mit den typischen hackenden Bewegungen eingesetzt wird, sondern mit leichtem Druck auf der bzw. in der Erde horizontal bewegt wird. Durch das ziehende Hacken werden Unkräuter unterhalb

Die Grabegabel ist ideal, um Wurzeln und Knollen zu ernten.

Mit dem Spaten wird Erde abgestochen, kleinere Mengen werden umgesetzt.

des Vegetationspunkts von den Wurzeln abgeschnitten oder ihr Stand im Boden unterhalb der Wurzeln so gelockert, dass sie entweder verdorren oder leicht aufgesammelt oder geharkt werden können. Außerdem wird die oberste Bodenschicht gelockert, was aufgrund der Unterbrechung der Kapillaren im Boden die Verdunstung der Bodenfeuchtigkeit stark reduziert.

Rechen

Mithilfe der vielen kurzen Zähne lässt sich mit dem Rechen die Beetoberfläche sehr gut glätten. Grobere Verunreinigungen lassen sich leicht abrechen.

Gartenschere

Beim Schnitt härterer Stängel und verholzter Pflanzenteile bei der Ernte, beim Ausputzen sowie beim Erziehen der Wuchsform leistet eine Gartenschere gute Dienste. Für dickere Triebe ist eine Astschere mit langen Holmen sinnvoll.

Zum Absammeln von Verunreinigungen und zum Glätten dient der Rechen.

Zum Ernten empfehlen wir zudem ein kleines scharfes Messer. Für die Ernte von Spinat und Mangold eignet sich auch eine größere Schere.

Schubkarre

Mit der Schubkarre kannst du Erde und größere Erntemengen transportieren oder Grünabfälle entsorgen. Für kleinere Mengen tut's oft auch ein Eimer.

Gießkanne

Sie ist das traditionelle Mittel für den Wassertransport. Die Regel

sind 10-Liter-Kannen, die man noch gut tragen kann. Plastikkannen sind zwar nicht so schön wie die alten Zinkkannen, aber leichter zu transportieren.

Gartenschlauch

Einfacher lässt sich das Wasser natürlich mithilfe eines solchen flexiblen Anschlusses zu den Pflanzen bringen. Beim Endstück hast du die Wahl zwischen verschiedenen Brausen und Spritzen sowie zwischen Modellen mit oder ohne stabilem Stiel.

Unerlässliches Werkzeug zum Ernten, Trimmen, Ausputzen: eine Gartenschere

Gemüse & Kräuter

Kohl- & Blattgemüse sowie Salate

Den verschiedenen Kohlarten ist zwar ein gewisses Aroma gemeinsam, trotzdem bieten sie reiche Abwechslung. Blattgemüse und Salate sind wiederum der Inbegriff für vitamin- und ballaststoffreiche Pflanzenkost.

Kopfkohl und Wirsing

40–60 cm   Feb.– Mai   Aug.– Okt.

Die großen Kopfkohlarten lohnen den Anbau nicht nur wegen der schieren Masse, sondern sie sind vor allem im Winterhalbjahr wertvolle Vitaminlieferanten. Beim Weißkohl kennt man Sommer- und Herbstkohl, beide Gruppen unterscheiden sich vor allem in der Kopfgröße. Rotkohl hat nicht nur eine andere Farbe, sondern wächst auch etwas langsamer und seine Köpfe bleiben meist etwas kleiner. Wirsing wiederum zeichnet sich vor allem durch seine gekrausten Blätter aus.

Um seine imposanten Köpfe zu bilden, braucht Rotkohl reichlich Wasser und Nährstoffe.

Aussaat und Pflanzung

Die Frühsorten kann man schon ab Februar an einem geschützten Ort vorziehen, ab April darf man sie ins Freie säen.

Weiß- und Rotkohl brauchen einen Pflanzabstand von ca. 40–60 cm. Der Reihenabstand beträgt 60 cm. Die frühen Wirsingsorten dürfen etwas enger stehen, die wüchsigeren Spätsorten brauchen eher mehr Platz.

Pflege

Die Kopfkohlarten sind Starkzehrer, denen du mit reichlich Kompost (4 l/m²) eine gute Nährstoffgrundlage bieten kannst. Ihr Hunger nach Stickstoff lässt sich mit zusätzlichen Düngergaben stillen, am besten mit zwei Portionen Horndünger (je ca. 70 g/m²). Die erste Gabe arbeitet man vor der Pflanzung ein, die zweite verteilt man vier bis fünf Wochen später um die Pflanzen. Zudem brauchen alle Kopfkohlsorten eine gute Wasserversorgung, damit sie ihre riesigen Köpfe bilden.

Ernte

Ans Ernten geht es, sobald der Kohlkopf geschlossen ist und fest erscheint, wenn du ihn mit den Händen drückst. Dies ist beim Sommerkohl ab August und beim Herbstkohl ab September der Fall. Dann wird der Kopf mit einem

Tipp

Zur Pflege sollte man regelmäßig hacken und dabei auch etwas anhäufeln, d.h. den Kohlhals mit ein wenig Erde anschütten. Dadurch kann der Befall durch die Kohlfliege etwas verringert werden, die bevorzugt am unteren Halsabschnitt ihre Eier ablegt.

Weil Kohl eine lange Entwicklungszeit hat, lohnt sich eine geschützte Vorkultur.

Zur Ernte trennt man die Kohlköpfe mit Messer oder Schere vom Strunk.

Mit seinen fein genarbten Blättern ist Wirsing auch fürs Auge attraktiv.

Messer vom Strunk getrennt. Der Strunk und die älteren Umblätter werden nicht mitgegessen.

Lässt man die Kohlköpfe zu lange auf dem Feld stehen, platzen sie auf und fangen unter den obersten Blättern an zu schimmeln. Die Wirsing-Wintersorten allerdings kannst du unter einem schützenden Vlies überwintern und im Frühjahr ernten.

Inhaltsstoffe

Kohl liefert im frischen und unverarbeiteten Zustand Vitamin C (Ascorbinsäure), Vitamin E (Tocopherol), Folsäure und Mineralien. Er enthält außerdem, wie alle Kohlsorten, Glucosinolate (Senföl-Glykoside). Diese sekundären Pflanzenstoffe (SPS) verleihen dem Kohl den typischen Geschmack. An weiteren SPS sind Phenolsäuren enthalten, die zu den Polyphenolen zählen, sowie Phytosterine.

Verarbeitung

Zunächst werden die äußeren Blätter abgeschnitten und gewaschen, angetrocknete Stellen werden dabei entfernt. Dann halbiert oder viertelt man den Kopf und entfernt den (weißen) Strunk. Wirsing sollte man besonders gründlich waschen, weil die Erdreste hartnäckig in seinen krausen Blättern hängen bleiben.

Das typische Gewürz bei der Zubereitung von Weißkohl ist Kümmel, er sorgt zudem dafür, dass der Kohl besser verdaulich ist. Roh bereitet man ihn als vitaminreichen Salat zu, traditionell verarbeitet man ihn zu Sauerkraut.

Rotkohl solltest du mit nur wenig Wasser dünsten, damit sein voller Geschmack erhalten bleibt. Außerdem gibst du etwas Zwiebel, einen sauren Apfel und Nelken hinzu. Wenn du Rotkohl als Salat verwenden willst, solltest du ihn immer schnell mit einer Vinaigrette vermischen, damit seine schöne rote Farbe erhalten bleibt.

Geschmacklich ist Wirsing etwas feiner und milder einzustufen als Weißkohl. Die jungen feineren Blätter der Frühsorten schmecken sogar gut im Salat. Die derberen Köpfe der Spätsorten eignen sich bestens für deftige Gerichte.

Lagerung und Konservierung

Kohlköpfe können im Kühlschrank etwa zwei Wochen aufbewahrt werden. Lass die Außenblätter dran, wenn sie keine Faulstellen aufweisen. Sie schützen den Kopf vor Verdunstung.

Zum Lagern kannst du die späten Kohlsorten (ab Ende Oktober) mitsamt den Wurzeln ausgraben, an den Strünken zusammenbinden und an einem kühlen, feuchten Ort (Keller) an Drähten oder Balken aufhängen. Die einzelnen Köpfe sollten sich dabei nicht berühren.

Köpfe ohne Wurzeln kannst du auf ein Regal im feuchten Keller legen. Sie sollten hier ab und zu umgedreht werden, damit sie nicht schimmeln.

Wirsingköpfe sind etwas lockerer und nicht so fest wie die anderen Kopfkohle. Sie sind daher nicht ganz so lange haltbar.

| 20–30 cm 3–4 cm | Juli–Aug. März–Aug. | Sept.–Okt. Mai–Nov. |

Asia-Kohl und -Salate

Blattgemüse aus Fernost sind ideal für die bewusste Ernährung und einfach anzubauen. Ihr bekanntester Vertreter ist der Chinakohl. Er bildet einen bis zu 50 cm hohen Kopf. Aber kennst du auch Pak Choi oder die Salate Mizuna und 'Red Giant'? Wer auf die leichte asiatische Küche steht, kommt an Asia-Kohlen und -Salaten kaum vorbei. Die meisten sind verwandt mit unseren Kohlgemüsen, schmecken aber milder. Deshalb sind sie sogar für Kohlmuffel ein Genuss.

Die Samen der Asia-Salate werden von März bis August dünn in Reihen gelegt.

Eine dünne Kompostschicht dient als Dünger und schützende Bodendecke.

Aussaat und Pflanzung

Weil Chinakohl und Pak Choi an langen Sommertagen zum Schießen neigen, also vorzeitig Blüten entwickeln und dann ungenießbar werden, schlägt ihre Stunde in der zweiten Jahreshälfte. Beste Zeit für die übliche Direktsaat ins Beet ist zwischen Mitte Juli und Anfang August. Dann haben andere Gemüsearten wie beispielsweise Erbsen oder Spinat das Beet geräumt und die Asiaten können folgen.

Als typische Nachfrucht profitieren die beiden von den Nährstoffen, die die Vorkulturen übrig gelassen haben. Doch weil sie beide recht nährstoffhungrig sind, solltest du das Beet vor der Aussaat noch einmal mit etwas Kompost und Horndünger anreichern.

Chinakohl braucht innerhalb der Reihe etwa 30 cm Abstand zur nächsten Pflanze, der Reihenabstand beträgt 40 cm. Für den etwas kleiner bleibenden Pak Choi genügen 20 cm Abstand von Pflanze zu Pflanze und 30 cm Reihenabstand.

Noch schneller als die beiden kopfbildenden Asia-Kohle wachsen die Asia-Salate. Du kannst diese anspruchslosen Sorten von März bis August säen. Im Beet bringt man die Samen dünn verteilt in Reihen mit 20–25 cm Abstand aus. Asia-Salate lassen sich auch wunderbar im Balkonkasten ziehen. Neben den beliebten Sorten 'Mizuna', 'Green in snow' oder dem rotblättrigen 'Red Giant' gibt es Saatgutmischungen, die gleich eine ganze Palette an würzigen Aromen bieten.

Pflege

Beim Chinakohl solltest du von Anfang an darauf achten, dass der Boden nicht austrocknet. Er bildet nur flache Wurzeln und lässt seinen Kopf schnell hängen, wenn ihm »der Saft ausgeht«.

Seine Anspruchslosigkeit und die fleischigen weißen Stiele haben den Pak Choi in kurzer Zeit bei uns beliebt gemacht.

Die Blätter der Asia-Salate erntet man ein bis zwei Fingerbreit über dem Boden.

Auch Pak Choi und Asia-Salate solltest du regelmäßig wässern und gelegentlich düngen.

Ernte

Es ist erstaunlich, wie rasch Chinakohl bei warmer Spätsommerwitterung und guter Pflege vorankommt. Oft können schon ab Ende September große, fest geschlossene Köpfe geerntet werden.

Chinakohl und Pak Choi sind robust. Bis zu den ersten stärkeren Nachtfrösten können sie auf dem Beet ausharren und je nach Bedarf geschnitten werden.

Bei vielen Asia-Salaten musst du nicht gleich den ganzen Schopf ernten, sondern kannst immer die äußeren Blätter schneiden und neues Grün nachsprießen lassen.

Inhaltsstoffe

Wie es sich für Kohlgewächse gehört, stecken auch in den Asia-Vertretern gesunde Senföle, wenngleich nicht in der Menge wie bei unseren heimischen Kohlarten. Hinzu kommt ein beachtlicher Gehalt an Vitamin C und Provitamin A, Kalium und Folsäure.

Chinakohl & Co. sind leicht verdaulich und eignen sich bestens für die kalorienarme Schonkost.

Verarbeitung

In der Küche erweisen sich Asia-Kohle und -Salate als Allrounder. Vor allem die jungen zarten Blätter bereichern jeden Salat. Ihre leicht pikante Note macht sich auch hervorragend in süßen Salatvariationen, zum Beispiel kombiniert mit Äpfeln oder Mandarinen.

Da der Chinakohl auch bei kurzem Garen, Dünsten oder Braten (max. 8 Min.) schön knackig bleibt, ist er für die Zubereitung im Wok bestens geeignet. Für die meisten Gerichte schneidet man die Blätter in Streifen. Die fleischigen Blattrippen sind recht zart beschaffen und können mitverarbeitet werden. Sie brauchen nur beim Dünsten etwas länger, deshalb gibt man sie mit etwas Vorsprung in den Topf oder Wok.

Lagerung und Konservierung

Wenn du Chinakohl nicht gleich vollständig verarbeiten kannst, lässt er sich im Kühlschrank noch rund eine Woche lang frisch halten. Ganze Köpfe kann man im kühlen Keller den ganzen Winter hindurch lagern. Auch Einfrieren ist möglich.

Die Asia-Salate dagegen brauchst du am besten möglichst bald nach der Ernte auf.

Brokkoli und Blumenkohl

40 cm 50 cm	März–Juni April–Juli	Juni–Okt.

Bei diesen beiden Arten wird nicht das Blatt, sondern die Blütenanlage verspeist. Die sogenannte »Blume« setzt sich aus unzähligen Blütenknospen und fleischigen Stielen zu einem Kopf zusammen. Beim Brokkoli ist diese Blume meist dunkelgrün, beim Blumenkohl weiß – aber nicht immer. Es gibt auch Sorten mit grünlicher, gelblicher oder violetter Blume. Auch der Romanesco mit seinen spitz zulaufenden Blütentürmchen zählt zu den Blumenkohlen.

Der Kragen schützt junge Brokkolipflänzchen vor dem Befall mit der Kohlfliege.

Die fleischigen Blütenknospen sind zu schneiden, bevor der Brokkoli »schießt«.

Aussaat und Pflanzung

Brokkoli bevorzugt einen sonnig-warmen Standort, hält aber auch leichten Frösten stand. Somit sind bei entsprechender Sortenwahl und geschützter Anzucht im Haus relativ frühe Pflanztermine ab Anfang April möglich. Ab Mitte April kannst du auch direkt ins Beet säen. Beim Brokkoli hat sich ein Reihenabstand von 50 cm und ein Pflanzabstand von 40 cm bewährt.

Blumenkohl ist nicht so robust wie Brokkoli. Die Pflanzen lieben einen humosen, nährstoffreichen und tiefgründig gelockerten Boden. Frühe Sorten dürfen – wenn es die Witterung erlaubt – schon im April ins Beet. Der Pflanzabstand beträgt ca. 50 cm, der Reihenabstand ebenfalls. Im Frühjahr werden die Sommersorten gepflanzt, im Juli die Herbstsorten.

Tipp

Leider bleiben auch Brokkoli und Blumenkohl nicht von Kohlplagen wie dem Kohlerdfloh oder dem Kohlweißling verschont. Das wirksamste Gegenmittel ist ein entsprechend engmaschiges Kulturschutznetz.

Wenn du die Blätter über der »Blume« zum Schutz vor der Sonne knickst oder zusammenbindest, bleibt der Blumenkohl schön weiß.

Solange die »Blume« geschlossen bleibt, kann man sie bei guter Wasser- und Nährstoffversorgung noch weiter wachsen lassen.

Pflege

Brokkoli und Blumenkohl erwarten wie ihre Kollegen aus der Kohlfamilie eine reichliche Nährstoff- und Wasserversorgung.

Um Blumenkohl mit einer strahlend weißen Blume ernten zu können, sollte sie so wenig Licht wie möglich bekommen. Manche Sorten entwickeln ein Laubdach, das den Kopf vollständig abschirmt. Bei anderen ist deine Mithilfe als Ackerheld erforderlich. Knicke einfach rechtzeitig während der Reife die Blätter wie ein Dach über die »Blume« oder binde sie zusammen.

Ernte

Anders als beim Blumenkohl sorgen einige Brokkoli-sorten auch noch nach der Ernte des Hauptkopfs für Nachschub, indem sie weitere Köpfchen an den Seiten-sprossen bilden.

Wenn die Knospen anschwellen, aber noch nicht gelblich schimmern, ist bei Blumenkohl mit weißen Köpfen der optimale Erntezeitpunkt erreicht.

Inhaltsstoffe

Sekundäre Pflanzenstoffe (Flavonoide, Indole und Iso-thiocyanate), das Senföl Sulforaphan sowie eine beachtli-che Menge an Vitaminen (C, E, B-Komplex, Provitamin A) und Mineralstoffen (Kalium, Kalzium, Phosphor, Eisen, Zink) machen vor allem den Brokkoli zu einem gesund-heitsfördernden Allrounder.

Auch Blumenkohl enthält Senföl-Glykoside sowie besonders viel Vitamin C (Ascorbinsäure) und Vitamin K.

Verarbeitung

Beim Brokkoli bleiben die Inhaltsstoffe am besten erhal-ten, wenn du die Röschen nur kurz garst. Du kannst sie sogar roh in den Salat schnippeln oder als Dippgemüse genießen. Auch Stängel und junge Blätter können mit verwertet werden.

Es sind wohl der milde, eigentlich kohluntypische Geschmack und die gute Bekömmlichkeit, die den Blumenkohl auch bei Menschen beliebt machen, die Kohl sonst nicht riechen können – und seine vielfachen Verwendungsmöglichkeiten.

Ein Klassiker ist Blumenkohl mit in Butter gerösteten Semmelbröseln. Man kann die Röschen auch panieren, mit Käse überbacken oder roh im Salat genießen. Übli-cherweise lässt man den Blumenkohl aber in Salzwasser bissfest garen. Wenn du die Blume im Ganzen auftischen möchtest, musst du den Strunk kreuzweise einschneiden, damit er gleichzeitig mit der Blume in etwa 20 Minuten gar wird. Für die einzelnen Röschen reichen 10 Minuten.

Lagerung und Konservierung

Warte nicht zu lange mit der Zubereitung der empfindli-chen Brokkoliknospen, denn sie welken relativ rasch. Im Kühlschrank bleiben sie nur zwei bis drei Tage frisch, Blumenkohl ein paar Tage mehr. Noch etwas länger bleibt Letzterer haltbar, wenn du ihn samt Wurzel ausstichst und mit der Blume nach unten im kühlen Keller aufhängst.

Du kannst die Röschen von Brokkoli und Blumenkohl auch einfrieren. Wenn du sie davor kurz blanchierst, bleiben Farbe und Form gut erhalten.

Rosenkohl und Grünkohl

| 40 cm 40 cm | April Mai–Juni | Okt.–Dez. Okt.–Dez. |

Diese zwei Individualisten aus der Kohlfamilie gehören zu den Spätgemüsen, die nicht nur bis weit in den Winter hinein auf dem Beet bleiben und geerntet werden können, sondern sogar von niedrigen Temperaturen profitieren können. Moderne Sorten schmecken auch »ungekühlt«.

Ab Mai wird der Rosenkohl in ein gut mit Nährstoffen versorgtes Beet gepflanzt.

In den Blattachseln des aufrechten Kohlsprosses entstehen die begehrten Röschen.

Rosenkohl wird erst geerntet, wenn Frost die Stärke in Zucker umgewandelt hat.

Aussaat und Pflanzung

Rosenkohl kann im April und Grünkohl ab Mai in Gefäßen oder im Saatbeet ausgesät werden.

Rosenkohl benötigt in der Reihe einen Pflanzabstand von 40 cm, der Abstand zu den Nachbarreihen sollte 60 cm betragen.

Grünkohl pflanzt du von Juni bis August in einem Pflanzen- sowie Reihenabstand von jeweils 40 cm.

Pflege

Wurde der Boden vor der Kultur der beiden hungrigen Kohlarten intensiv genutzt, sollte man ihnen nach dem Anwurzeln eine Extradüngung geben, z. B. ein halbes Handschäufelchen voll Hornmehl rund um jede Pflanze.

Bei entsprechender Pflanzengröße lohnt es sich, beim Rosenkohl Erde zum Stiel hin anzuhäufeln, weil das die Standfestigkeit der hohen Pflanze erhöht. Gelegentliches Hacken sorgt ebenfalls für sicheren Stand. Wenn sich beim Rosenkohl im September noch keine Röschen gebildet haben, kannst du deren Entwicklung fördern, indem du die Spitzenknospe ausbrichst. Untere vergilbte Blätter kannst du einfach entfernen. Ist der Herbst während der Röschenbildung eher trocken, sollte zusätzlich bewässert werden.

Beim Grünkohl haben wir es mit einem äußerst durstigen Gewächs zu tun. Lass daher den Boden nie austrocknen! Um den einen oder anderen Gießgang zu ersparen, solltest du um die Pflanze herum mulchen, z. B. mit Rasenschnitt. Es lohnt sich auch, die Zöglinge nach ein paar Wochen etwas anzuhäufeln. Die Pflanzen stehen dann fester und sind gewappnet für Wind und Schnee.

Kennzeichen des Grünkohls und gleichzeitig das begehrte Erntegut sind die gekräuselten Blätter.

Ernte

Beim Rosenkohl reifen die kleinen Röschen von unten nach oben und werden auch in dieser Reihenfolge geerntet. Dazu drehst du sie einfach ab. Die Grünkohlernte beginnt im Oktober und zieht sich bis tief in den Winter hinein. Wenn du immer wieder nur einzelne Blätter pflückst, lässt der Kohl neues Grün sprießen und der Gesamtertrag erhöht sich. Grünkohl verträgt zwar einigen Frost, ist aber dankbar, wenn du ihn mit einem Vlies oder etwas Fichtenreisig vor Kahlfrösten und eisigem Wind schützt.

Die altbekannte Aussage, dass beide Kulturen Frost brauchen, um einen guten Geschmack zu entwickeln, ist übrigens nicht zutreffend. Zwar verbessert sich der Geschmack, wenn die Pflanzen einige Zeit kälteren Temperaturen ausgesetzt waren, dabei kommt es aber vor allem auf die Dauer der Kälteperiode und nicht zwingend auf Frost an. Durch den bei niedrigen Temperaturen verlangsamten Stoffwechsel bei gleichzeitig fortgesetzter Fotosynthese entsteht ein Überschuss an Traubenzucker, den die Pflanze in den Blättern einlagert. Dies hilft vor allem alten Sorten, neuere Züchtungen enthalten von Natur aus mehr Traubenzucker und können daher bedeutend früher geerntet werden.

Inhaltsstoffe

Rosenkohl hat einen der höchsten Vitamin-C-Gehalte aller Gemüsearten und ist außerdem reich an Magnesium, Kalium und B-Vitaminen.

Im Grünkohl stecken besonders viele Mineralien, allen voran Kalzium: 100 g Grünkohl enthalten etwa genauso viel wie ein Glas Milch! Bei den Vitaminen ragt der Gehalt an Vitamin C heraus – im Winter eine willkommene Quelle zur Stärkung des Immunsystems.

Verarbeitung

Vor der Zubereitung des Rosenkohls solltest du alle welken Außenblättchen entfernen. Nach dem Kochen empfiehlt es sich, die Röschen in Eiswasser abzuschrecken – so bleibt die grüne Farbe erhalten.

Grünkohl solltest du besonders gründlich waschen, weil in den kraus gerippten Blättern besonders leicht Schmutz hängen bleibt. Anschließend werden Stiele und dicke Mittelrippen von den Blättern entfernt. Um die wertvollen Vitamine zu schonen, kocht man den Grünkohl möglichst nicht zu lange, sondern blanchiert ihn nur kurz in Salzwasser oder gart die Blätter in heißem Dampf.

Lagerung und Konservierung

Grundsätzlich kann man Rosenkohl einige Minuten in kochendem Wasser blanchieren, abkühlen lassen und einfrieren, dabei verliert er aber an Festigkeit. Frische Röschen lassen sich vier bis fünf Tage im Gemüsefach des Kühlschranks lagern.

Grünkohl lässt sich außerhalb der Gefriertruhe nicht sehr lange lagern. Vor dem Einfrieren blanchierst du die Blätter wenige Minuten, schreckst sie mit eiskaltem Wasser ab und hackst sie grob.

Spinat und Mangold

4–5 cm
30 cm

März–April &
Aug.–Sept.
April–Aug.

April–Nov. &
Nov.–Feb.
Mai–Nov.

Spinat hat sich vom reinen Kraft- und Gesundheitsquell zum Trendgemüse entwickelt. Dicht auf diesen Spuren folgt der Mangold mit seinen wesentlich größeren Blättern, der aufgrund unterschiedlicher Wuchsformen noch vielseitiger verwendbar ist.

Vorkultur von Spinat in Multitopfplatten

Wenn der Spinat im Hochsommer gesät wird, sollte man regelmäßig wässern.

Damit der Spinat noch einmal nachwächst, lässt man die Blattherzen beim Ernten stehen.

Aussaat

Beim Spinat gibt es jährlich zwei Saattermine. Für die Ernte im Frühjahr/Sommer wird er im März–April gesät, für die Herbsternte von August bis Mitte September. Eine Aussaat im Hochsommer führt dazu, dass die Pflanzen in die Blüte gehen, bevor sie ausreichend Blattmasse für die Ernte gebildet haben.

Spinatsamen werden mit 4–5 cm Abstand 2–4 cm tief gelegt. Der Reihenabstand beträgt 25–30 cm.

Mangold wird in der Reihe auf 30 cm Abstand ausgedünnt, wobei sich größere Pflänzchen bereits verwerten lassen. Der Reihenabstand beträgt 40 cm .

Pflege und Ernte

Von der Aussaat bis zur Ernte benötigt Spinat im Sommer ca. 35 Tage, im Frühjahr und Herbst bis zu 50 Tage. Geerntet werden nur die oberirdischen Blätter. Wenn man sie nicht zu tief abschneidet, können die kleinen Blätter aus dem »Herz« noch einmal für eine zweite Ernte nachwachsen.

Mangold benötigt zehn bis zwölf Wochen von der Saat bis zur Ernte. Wenn du bei der Ernte jeweils die größeren Mangoldblätter am Blattgrund ausbrichst, können die kleineren Blätter von innen immer nachwachsen und du kannst bis in den späten Herbst hinein reichlich Mangold ernten.

Wird eine Mangoldstaude dagegen als Ganzes am Boden herausgeschnitten, wächst sie zwar nicht nach, aber sie lässt sich etwas besser transportieren und lagern. Denn die Blätter hängen dann noch am gemeinsamen Strunk und haben keine Verdunstungsverluste an den vielen Schnittstellen.

Beim Stielmangold werden vorrangig die fleischigen Stiele verwertet. Sorten mit roten Stielen oder Blättern sind ein Hingucker.

Inhaltsstoffe

Spinat enthält sehr viel Vitamin A (Retinol) in Form der pflanzlichen Vorstufe Beta-Carotin. An sekundären Pflanzenstoffen liefert Spinat Saponine, Polyphenole, Carotinoide und Phytosterine. Außerdem enthält er sehr viel Vitamin C (Ascorbinsäure) sowie relativ viel Vitamin E (Tocopherol), Folsäure und Vitamin K. Vitamin B_1 (Thiamin), Vitamin B_2 (Riboflavin) und Vitamin B_6 (Pyridoxin) kommen ebenfalls in größeren Mengen vor. An Mineralstoffen sind neben viel Eisen noch Kalium, Kalzium und Magnesium in größeren Mengen vorhanden.

Tipp

Es gibt zwei verschiedene Mangoldarten, die sich an der Mittelrippe der Blätter unterscheiden: Ist sie schwach ausgeprägt, handelt es sich um Blattmangold, der wie Spinat verwendet wird. Beim Rippenmangold ist die Blattrippe besonders kräftig ausgeprägt. Außerdem gibt es rotblättrige und sogar bunte Sorten, die eine Zierde für jeden Garten sind.

Mangold enthält sehr viel Beta-Carotin, das im Körper zu Vitamin A (Retinol) umgewandelt werden kann. Er weist außerdem Vitamin C (Ascorbinsäure), Vitamin B_1 (Thiamin), Vitamin B_2 (Riboflavin) und Vitamin E (Tocopherol) auf. An Mineralien bietet er reichlich Kalium, Kalzium, Eisen und besonders viel Magnesium, das für die Funktion der Muskeln unentbehrlich ist. Wichtige sekundäre Pflanzenstoffe sind zudem Carotinoide und Phenolsäuren.

Verarbeitung

Der typisch herb-würzige Spinatgeschmack bleibt am besten erhalten, wenn er nur kurz gedünstet oder roh verwendet wird. Spinat passt gut zu Kartoffelbrei oder Rührei. Neuerdings wird er aber auch gern in südeuropäischen Gerichten verwendet, z. B. mit Mozzarella. Auch mit Knoblauch passt er hervorragend zusammen.

Blattmangold kann wie Spinat verarbeitet werden. Beim Stielmangold trennt man die Rippen vom Rest des Blatts, um sie dann wie Spargel als Delikatesse zuzubereiten, während der Rest des Blatts ebenfalls wie Spinat verwendet werden kann.

Lagerung und Konservierung

Spinat verwendest du am besten frisch. Aber auch beim Einfrieren bleibt der Geschmack gut erhalten.

In Papier oder ein feuchtes Tuch eingewickelt, kannst du Mangold etwa eine Woche im Kühlschrank aufbewahren. Am besten wird er aber frisch vom Acker verarbeitet. Notfalls kann man ihn auch einfrieren.

Kopf-, Schnitt- und Pflücksalat

25–30 cm 4–6 cm	März–Juli	Juni–Sept.

Was wir als »grünen Salat« bezeichnen, kommt längst auch von rot über bräunlich bis gefleckt auf den Salatteller. Die verschiedenen Varianten des Gartensalats oder Lattichs (Lactuca sativa) gleichen sich. Alle besitzen in Rosetten stehende, mehr oder weniger zarte Blätter.

Salat keinesfalls zu tief setzen – die Pflänzchen sollen »im Wind flattern«.

Beim Ausdünnen entfernte Pflanzen kann man gut in der Küche verwerten.

Kopfbildende Salate werden komplett als Kopf geerntet, sobald er sich fest anfühlt.

Die Varianten des Gartensalats

Die Kopfsalate (*Lactuca sativa* var. *capitata*) bilden einen mehr oder weniger festen Kopf aus.

Schnitt- oder Pflücksalate (*Lactuca sativa* var. *crispa*) bilden bestenfalls recht lockere Köpfe.

Eichblattsalat (beispielsweise 'Red Salad Bowl' oder 'Piro') gehört mit seinem zarten, wie Eichenblätter gebuchteten Laub ebenfalls in die Gruppe der Schnitt- oder Pflücksalate.

Eissalat besitzt besonders knackige Blätter. Seine Köpfe neigen kaum zum Schießen und schmecken beinahe süßlich.

Römer-, Romana- oder Bindesalat zeigt lockere, eher aufrecht-längliche Köpfe, Blätter und Geschmack sind etwas kräftiger.

Der robuste Bataviasalat bildet lockere Köpfe mit leicht rot gefärbten, leicht genarbten Blättern. Bewährte Sorten sind beispielsweise 'Amerikanischer Brauner' und 'Great Lakes'.

Für den Anbau hilfreich sind Sorten mit Resistenzen (z. B. gegen Blattläuse oder Mehltau).

Aussaat und Pflanzung

Salat bevorzugt einen leicht feuchten Boden und zurückhaltende Nährstoffversorgung. Ausgesät wird ab Ende März in flache Rillen (1–2 cm tief) mit 25–30 cm Reihenabstand. Bei kopfbildenden Formen wird später auf 25–30 cm Abstand zwischen den Köpfen in der Reihe ausgedünnt. Schnittsalat kannst du dagegen 4–6 cm dicht in der Reihe stehen lassen.

Schnitt- und Pflücksalate lassen sich blatt-
weise ernten, von außen nach innen.

Salate gedeihen gern in Mischkultur mit
Zwiebeln, Knoblauch oder Lauch.

Wer den Platz optimal ausnutzen will, kann Salat auch etwas geschützt vorziehen und nach fünf bis sechs Wochen auspflanzen. Und wenn der Ackerheld eine laufende Versorgung mit den Vitaminspendern sicherstellen will, kann er immer wieder im Abstand von etwa 14 Tagen »satzweise aussäen«, wie der Profi sagt.

Pflege und Ernte

Kopfsalat braucht von der Pflanzung bis zur Ernte ca. acht Wochen, Eissalat zwei bis drei Wochen länger. Den optimalen Erntezeitpunkt kannst du durch Abtasten bestimmen. Sobald sich der Kopf fest anfühlt, sollte der Salat innerhalb einer Woche geerntet werden. Dabei wird der ganze Kopf knapp oberhalb des Bodens abgeschnitten.

Bei Schnitt- und Pflücksalat geht das auch. Aber ein unschätzbarer Vorteil dieser Wuchsformen ist, dass du genau nach Bedarf einzelne Blätter vom Rand der Rosette pflücken kannst. Dadurch lässt sich jede Pflanze auch mehrfach beernten. Pflücksalat steht deshalb oft monatelang im Garten.

Wenn du auch einmal ganze junge Pflänzchen zur Ernte aus der Reihe nimmst, wird der Bestand gleichzeitig ausgedünnt – und so den anderen Pflanzen mehr Platz überlassen.

Inhaltsstoffe

Kopfsalat enthält viel Alpha- und Beta-Carotin, wobei Letzteres im Körper als Provitamin in Vitamin A (Retinol) umgewandelt werden kann. Alpha- und Beta-Carotin gehören zu den Carotinoiden. Weitere sekundäre Pflanzenstoffe, die Salat liefert, sind Flavonoide und Phenolsäuren, die zu den Polyphenolen zählen.

Verarbeitung

Schau dir die Blätter sowohl vor als auch beim Waschen gründlich an, damit Schmutz und Ungeziefer entfernt werden. Dabei zerreißt du größere Blätter in mundgerechte Stücke. Dann lässt du das Wasser – eventuell mithilfe einer Salatschleuder – gut abtropfen. Das Dressing gibst du erst direkt vor dem Servieren an den Salat, weil die Blätter sonst schnell welk werden!

Lagerung und Konservierung

Salate lassen sich nur kurz lagern und sollten deshalb möglichst frisch verwendet werden, bevor die Blätter schlapp machen. Wenn doch nötig, spülst du den Kopf als Ganzes unter kaltem Wasser und legst ihn in den Kühlschrank. Eine Ausnahme bildet der Eissalat, den man dort zwei Wochen lang aufbewahren kann.

Tipp

Wichtig ist, dass die Salatpflänzchen nach der Pflanzung besser zu hoch als zu tief stehen, weil sie sonst leicht faulen. Sie sollen »im Wind wehen«, sagt man.

Als Langtagspflanze neigt Salat im Sommer zum »Schießen«, d. h. er blüht, statt einen Blattkopf zu bilden. Dem beugt man durch die richtige Sortenwahl vor. Beim Anbau im Herbst besteht diese Gefahr nicht.

Wintersalate

5–10 cm	Juli–Sept.	Sept.–Dez.
20 cm	Aug.–April	Sept.–Juni
5–10 cm	April–Sept.	Mai–Nov.

Auch im Winterhalbjahr muss man nicht auf frische Salate verzichten, denn es gibt Arten, die sich in der kühleren Jahreszeit sogar am besten anbauen lassen. Sie sind mit dem klassischen grünen Salat nicht näher verwandt, lassen sich aber als vitaminspendende Rohkost genauso verwenden. Die Palette reicht von Feldsalat über Winterportulak bis Rucola.

Knackiger Feldsalat mit hohem Vitamin-C-Gehalt ist im Winter besonders wertvoll.

Der Winterportulak bildet Horste, die nach dem Schnitt nochmal durchtreiben.

Salatrauke *(Rucola)* keimt und gedeiht ganzjährig, auch bei kühlen Temperaturen.

Aussaat und Pflege

Feldsalat kann erst ab Mitte Juli gesät werden, da er zu den Langtagspflanzen zählt und deshalb im Sommer sofort zu blühen beginnen würde. Von der Saat bis zur Ernte braucht er acht bis zwölf Wochen. Er wird nur etwa ½ cm tief in Reihen mit 15–20 cm Abstand oder breitwürfig gesät. Wenn du ihn mit festem Wurzelballen vorziehst und als Jungpflanze setzt, verkürzt sich die Kulturdauer um etwa vier Wochen.

Wähle für die Ernte im Winter frostharte Feldsalat-Sorten wie 'Verte de Cambrai' oder 'Dunkelgrüner Vollherziger'. Der 'Holländische Breitblättrige' dagegen ist nicht winterfest und nur für die Herbsternte geeignet.

Winterportulak (auch Winterpostelein oder Kubaspinat) bildet kleine, fleischige Blätter an langen Stielen. Er keimt nur bei Temperaturen unter 12 °C. Man sät ihn zwischen August und April in Reihen mit 15–20 cm Abstand aus. Auch wenn die Pflänzchen Kälte vertragen, sollte man sie mit einem Vlies schützen oder im Frühbeet anziehen.

Von der Salatrauke, auch Rucola genannt, gibt es eine einjährige (*Eruca sativa*) und eine auch bei uns winterharte, mehrjährige Form (*Diplotaxis tenuifolia*). Letztere lässt sich mit wenig Aufwand im Garten kultivieren, aber die einjährige besitzt das intensivere Aroma.

Beide Formen sät man ab April/Mai etwa 1 cm tief direkt ins Freiland in Reihen mit 20 cm Abstand. Aufgrund des geringen Platzbedarfs und des raschen Wachstums ist die Salatrauke auch bestens für Kästen geeignet. Für die Kultur über den Winter ist die Aussaat von Mitte Juli bis September möglich, im Gewächshaus sogar mit ganzjähriger Ernte.

Ernte

Zur Ernte wird beim Feldsalat die ganze Rosette knapp oberhalb des Bodens abgeschnitten.

Die knackigen Blätter und Stiele des Winterportulaks sollte man jung ernten. Wenn du sie nicht zu tief über dem Boden abschneidest, treibt die Pflanze noch einmal durch.

Der Geschmack roher Rucolablätter erinnert an den von Kresse und Radieschen.

Die jungen, zarten Rucolablätter pflückt man frisch, bevor die Pflanze blüht.

Inhaltsstoffe

Feldsalat enthält besonders viel Vitamin A (Retinol) in seiner pflanzlichen Vorstufe Beta-Carotin sowie Vitamin C (Ascorbinsäure) und Vitamin B$_6$ (Pyridoxin). An Mineralstoffen ist das Eisen erwähnenswert.

Winterportulak ist reich an Vitamin C, Magnesium, Kalzium und Eisen. Nitrat, das sonst im Winter angesichts geringer Lichteinstrahlung ein Problem darstellt, weil es im Körper zum schädlichen Nitrit umgewandelt werden kann, sammelt sich im Winterportulak nur sehr wenig an.

Senföl-Glykoside und Carotinoide sind die bestimmenden Nährstoffe im Rucolasalat, die auch für den an Kresse oder milde Radieschen erinnernden, leicht scharfen Geschmack verantwortlich sind. Ansonsten enthält Rucola viel Vitamin A in der Vorstufe des Provitamins Beta-Carotin.

Verarbeitung

Feldsalat ist knackig, schmeckt herzhaft würzig und lässt sich bedarfsgerecht in kleinen Mengen ernten. Man muss ihn gut waschen.

Winterportulak hat einen leicht säuerlichen bis salzigen und nussigen Geschmack. Sind seine Blätter zu alt oder haben starken Dauerfrost abbekommen, färben sie sich rötlich, werden hart und eignen sich nicht mehr für den Rohverzehr. Sie können dann allerdings noch sehr gut gekocht wie Spinat genossen werden.

Rucolablätter werden roh verwendet. Man gibt sie z. B. ganz oder zerkleinert Salaten bei oder drapiert sie auf der Pizza.

Lagerung und Konservierung

Du kannst Feldsalat ein bis zwei Tage im Kühlschrank aufbewahren. Aber frisch schmeckt er am besten!

Auch Winterportulak ist nicht gut lagerfähig und sollte möglichst frisch verzehrt werden. Im Gemüsefach des Kühlschranks hält er sich ebenso wie Rucola ein bis zwei Tage.

Tipp

Wenn Feldsalat-Pflänzchen zu dicht stehen, werden sie leicht von Pilzen befallen: Dann bildet sich auf den Blättern (Echter Mehltau) oder unter den Blättern (Falscher Mehltau) ein weißlicher Schimmelbelag. Vorbeugend wählt man entsprechend resistente Sorten wie 'Vit'.

Endivien & Co.

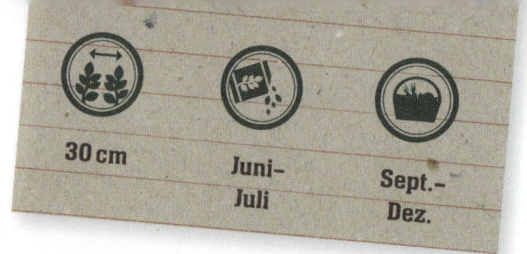

30 cm Juni–Juli Sept.–Dez.

Einige unserer beliebtesten Salate gehören nicht wie der Kopfsalat zu den Lattichen, sondern zu den Zichorien mit ihrem typischen, leicht bitteren Geschmack. Endivien, Zuckerhut und Radicchio sind zudem Langtagspflanzen und blühen im Sommer. Sie werden deshalb bevorzugt im Herbst angebaut und bringen bis in den Dezember sichere Erträge.

Sämlinge werden abgehärtet, wenn sie tagsüber im Freien stehen.

Die Wurzeln sollten in der Pflanzgrube Platz finden, ohne verbogen zu werden.

Bei Reihenaussaat können die ausgedünnten Blätter bereits verwertet werden.

Aussaat, Pflanzung und Pflege

Endivie und Co. sollte man von Juni bis spätestens Ende Juli aussäen. Nur mit schossfesten Sorten kann man auch einmal eine Mai-Aussaat im Gewächshaus wagen. Da sich Zichorien schlecht verpflanzen lassen, sollten sie mit stabilem Wurzelballen vorgezogen oder nach dem Aufgang der Direktsaat auf 30 cm Abstand vereinzelt werden. Der Reihenabstand sollte 30 cm betragen. Eine geringe Düngung mit Reifkompost ist sinnvoll.

Endivie ist der klassische Herbstsalat. Sorten mit besonders fein geschlitztem Laub nennt man »Frisée«.

Die gelben Blätter im Inneren des Kopfes enthalten weniger Bitterstoffe als die grünen. Deshalb hat man früher die Blätter alter Sorten einige Wochen vor der Ernte zusammengebunden, damit sie innen ausbleichen.

Der Zuckerhut hat seinen Namen von seiner spitzkegeligen Form. Sein zweiter Name – Fleischkraut – weist darauf hin, dass er häufig auch als Gemüse gekocht wird. Er braucht etwas mehr Platz, deshalb pflanzt man ihn mit 30–40 cm Pflanz- und Reihenabstand. Die

Tipp

Bei den neuen selbstbleichenden Endiviensorten genügt eine etwas engere Pflanzung. Ideal sind dazu Abstände zwischen den Pflanzen von 25–30 cm.

Pflanzung sollte gut von Unkraut freigehalten werden. Bei anhaltender Trockenheit gießt man ihn außerdem gelegentlich.

Radicchio bildet feste kleine Köpfe mit dekorativen roten, weiß geaderten Blättern. Von mehreren Erscheinungsformen sind zwei Sorten besonders verbreitet: 'Palla Rossa' wird wie Endivien angebaut. Seine runden,

Endivienköpfe werden geschnitten, bevor stärkere Fröste auftreten.

Radicchio 'Palla Rossa' wird wie Endivien angebaut und noch im Herbst geerntet.

roten oder rot-grün gesprenkelten Köpfe sind noch im Herbst zu ernten, bevor stärkere Fröste einsetzen.

Bis zum Herbst produziert der 'Rote von Verona' (oder 'Roter Veroneser') nur lange, ungenießbare Blätter. Für die Ernte geeignet sind erst die Köpfchen, die sich nach dem Winter entwickeln. Damit er ohne Schaden überwintert, sind allerdings milde Temperaturen oder eine isolierende Schutzdecke (Schnee, Reisig, Vlies) erforderlich.

Ernte

Zichorien halten sich am besten im Garten frisch und können daher lange im Freien bleiben. Eine Abdeckung mit aufgelegtem Fichtenreisig, besser aber Vlies oder Kulturschutznetz, verlängert die Haltbarkeit.

Sinken die Temperaturen jedoch deutlich unter –5 °C oder wird die Witterung sehr feucht, solltest du die Köpfe abernten. Dazu wird die ganze Rosette bzw. der Kopf knapp oberhalb des Bodens abgeschnitten. Die äußeren Blätter sollen vor der Verarbeitung entfernt werden.

Inhaltsstoffe

Alle Zichorien enthalten den sekundären Pflanzenstoff Lactucopikrin (Intybin), einen Bitterstoff, der verdauungsfördernd und anregend auf Magen, Galle und Leber wirkt. Sie sind zudem sehr kalorienarm und gleichzeitig reich an Vitamin A und C sowie Kalium und Eisen.

Verarbeitung

Endivien und Radicchio haben einen herzhaft-würzigen, angenehm bitteren Geschmack. Achte bei der Zubereitung darauf, dass die Endivienblätter erst gewaschen und dann in schmale Streifen geschnitten werden!

Bei Bedarf kann man die Blätter in lauwarmes Wasser einlegen, um die Bitterstoffe zu reduzieren. Dabei gehen allerdings auch Vitamine und Spurenelemente verloren.

Zuckerhut schmeckt etwas milder und praktisch kaum bitter. Als rohen Salat schneidet man ihn klein wie Krautsalat und bereitet ihn mit fruchtigen Dressings oder Beigaben zu. Zuckerhut kann aber auch gegart zubereitet werden.

Lagerung und Konservierung

Auch abseits des Gartens sind Zichorien sehr gut lagerfähig. In einem kühlen Raum kann der Kopf mitsamt den Wurzeln in feuchtem Sand oder kopfüber hängend gelagert werden. Zuckerhut lässt sich so bis zu zwei Monate aufbewahren. Ersatzweise kannst du den Kopf auch ohne Wurzeln in Zeitungspapier einschlagen.

Zwiebelgewächse, Wurzel- & Sprossgemüse

Ob knapp über oder unter der Erde wachsend, ob Zwiebel, Wurzel oder Knolle – gemeinsam ist diesen Arten der fleischig verdickte Pflanzenteil, den es zu ernten lohnt, weil sich darin wertvolle Nährstoffe sammeln.

Zwiebeln und Knoblauch

5–10 cm	März–Mai	Aug.-Sept.
5–10 cm	März–Apr. & Aug.	Sept.-Okt.

Mit ihrem scharfen oder fast mild-süßlichen Aroma sind Zwiebeln aus der Küche nicht wegzudenken, ebenso wie die erfrischenden Frühlingszwiebeln. Am Knoblauch scheiden sich dagegen die Geister. Entweder man liebt ihn über alles oder man lässt ihn konsequent links liegen.

Steckzwiebeln sind einfach zu handhaben und wachsen schneller als gesäte.

Bei der großwüchsigen Zwiebelsorte 'Alisa Craig' lohnt sich eine Vorkultur.

Zwiebeln können alleine gedeihen, sind aber auch begehrte Mischkulturpartner.

Aussaat und Pflanzung

Zwiebeln können von März bis Mai gesät oder in Form von Steckzwiebeln gepflanzt werden. Der Pflanzabstand beträgt 5–10 cm, der Reihenabstand 20 cm.

Im jungen Stadium musst du bei den gesäten Zwiebeln vermehrt Unkraut jäten und sie eventuell auch auf 4 cm vereinzeln. Steckzwiebeln dagegen kann man von vornherein im erwünschten Endabstand von 5–10 cm stecken. Mit ihrem Entwicklungsvorsprung werden sie natürlich auch schneller größer.

Frühlings- oder Lauchzwiebelsorten lassen sich auch noch im August säen.

Im Gegensatz zu Zwiebeln wird Knoblauch nie ausgesät. Stattdessen steckt man im März/April oder August die Zehen etwa 3–5 cm tief in den Boden. Dieser sollte möglichst warm, tiefgründig und humos sein. Gesetzt wird in Abständen von 5–10 cm, der Reihenabstand beträgt 20–25 cm. Man verwendet dazu allerdings keinen Knoblauch aus dem Supermarkt, denn dieser ist meist südländischer Herkunft und gedeiht bei uns nur mäßig.

Pflege

Zwiebeln sind gute Mischkultur-Partner in Reihen zwischen Erdbeeren, Salat oder Möhren. Ein durchschnittlich mit Nährstoffen versorgter Boden genügt. Keinesfalls jedoch darf der Boden mit Mist gedüngt werden, unter anderem wegen der Gefahr des Befalls mit Zwiebelfliegen.

Tipp

Ein ähnliches Aroma wie der Knoblauch besitzt der Schnittknoblauch. Von ihm verwendet man – wie beim Schnittlauch oder beim häufig wild wachsenden Bärlauch – keine Knollen, sondern die länglichen Blätter.

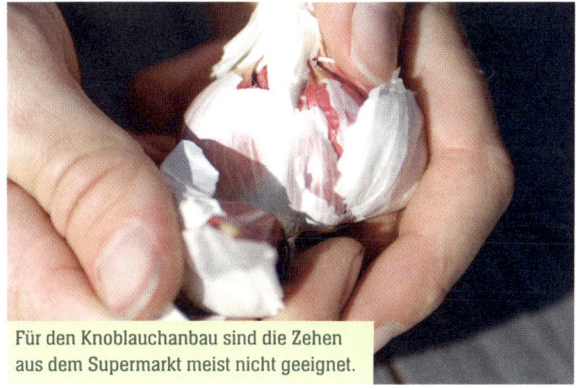
Für den Knoblauchanbau sind die Zehen aus dem Supermarkt meist nicht geeignet.

Knoblauchknollen zum Trocknen an den Stielen zusammenbinden und aufhängen.

Die Sorten der Frühlingswiebel wachsen anspruchslos und bilden ganze Büschel aus Zwiebellaub.

Beim Knoblauch hat sich der Anbau in Mischkultur mit Erdbeeren, aber auch mit Roten Beten und anderen Gemüsearten tausendfach bewährt. Ein halber Eimer Reifkompost pro m² fördert die Entwicklung kräftiger Knollen.

Ernte

Auch wenn sie noch nicht »reif« sind, kannst du ab Juli die größten der Zwiebeln ernten und mitsamt dem Laub als Bundzwiebeln verwenden. Erst wenn im August das Zwiebellaub einzutrocknen beginnt, werden die Zwiebel-reihen komplett abgeerntet.

Bei den Frühlingszwiebeln gilt die Aufmerksamkeit nicht den Zwiebelknollen. Stattdessen verwendet man die fingerdicken Laubschäfte.

Die Knollen des Knoblauchs sind nach ein oder besser zwei Jahren erntereif, und zwar im Herbst, nachdem die Blätter abgetrocknet sind.

Inhaltsstoffe

Zwiebeln enthalten verschiedene sekundäre Pflanzen-stoffe: Flavonoide und Phenolsäuren sowie Saponine und Sulfide wie das Allicin, die den Zwiebeln ihr scharfes Aroma verleihen.

Knoblauch enthält reichlich ätherische Öle, Vitamine, Mineralstoffe und das schwefelhaltige Alliin. Diese Stoffe sorgen für den sagenhaften Ruf des Knoblauchs – unter anderem schreibt man ihm eine abwehrsteigernde, entspannende und antiseptische Wirkung zu. Zudem soll er vorbeugend wirken gegen Arteriosklerose, Bluthoch-druck, Magen-/Darmstörungen und allerlei Alterserscheinungen.

Verarbeitung

Die Verarbeitungsmöglichkeiten für Zwiebeln sind äußerst vielfältig – sie dienen als Grundlage für viele Gerichte. Zur Vorbereitung werden die Würzelchen abgeschnitten und die äußeren, getrockneten Häute entfernt. Frisches Laub kann man mitverwenden.

Frühlingszwiebeln passen zu verschiedenen Gemüse-gerichten ebenso gut wie roh über den Salat gestreut.

Beim Knoblauch brichst du zunächst die benötigten Zehen aus der Knolle und entfernst vor dem Zerkleinern die trockenen Häute. Nicht nur in der mediterranen Küche gibt es kaum ein salziges Gericht, zu dem Knoblauch nicht in mehr oder weniger großen Mengen passt – ob roh im Salat oder als Zugabe von Gemüse, Fisch und Fleisch – und ihm sein unvergleichliches, intensives Aroma verleiht.

Lagerung und Konservierung

Am wichtigsten bei der Lagerung der Zwiebeln ist eine trockene, luftige und frostfreie Umgebung. Sie sollten auf dem Beet lange vorgetrocknet sein, sodass die Stängel richtig dürr sind. Ernte die Zwiebeln bevorzugt an einem trockenen Tag.

Noch heute ist es verbreitet, die Zwiebeln zu Zöpfen zu flechten und aufzuhängen. Nach der Ernte sollten sie einige Tage trocknen, bevor sie auf diese oder andere Weise – etwa in Netzen – gelagert werden.

Frühlingszwiebeln verwendet man am besten gleich nach der Ernte. Sie halten sich gekühlt nur wenige Tage.

Auch die Knollen des Knoblauchs werden nach der Ernte gern zu Zöpfen geflochten, um sie anschließend in schattiger Lage trocknen zu lassen. Zur weiteren Konservierung kannst du die Zehen auch in Essig, Öl oder Salz einlegen.

Lauch, Schalotten & Co.

Lauch – auch Porree genannt – schmeckt im Sommer ebenso gut wie als herzhaftes Wintergemüse. Schalotten, die eleganteren Schwestern der Zwiebeln, überzeugen mit einem milden Aroma. Winterheckenzwiebeln wiederum kann man, wie ihr Name verrät, bis in den Winter hinein ernten.

🌿 10 cm 15 cm   📦 März–Juni März–Apr. & Aug.–Sept.   🧺 Juli–Feb. Juni–Sept.

Durch Pflanzen in Furchen und Anhäufeln wird der Schaft des Lauchs gebleicht ...

... und auch das Längenwachstums des Schafts wird dadurch angeregt.

Zur Ernte den Lauch mit der Grabegabel aushebeln und den Wurzelschopf abschneiden.

Aussaat und Pflanzung

Frühe Lauchsorten lassen sich schon ab März an einer geschützten Stelle aussäen und ab Ende April auspflanzen. Ab diesem Termin kann man auch direkt in Reihen säen, um die Pflänzchen, die nur aus einem kräftigen grasartigen Halm bestehen, später zu vereinzeln. Der Pflanzabstand beträgt etwa 10 cm, der Reihenabstand ungefähr 15 cm.

Die Saatzeit der Herbst- und Wintersorten geht bis in den Juni. Wer sich die Aussaat ersparen will, holt sich beim Biogärtner Jungpflanzen.

Bei den Schalotten sind zwar ebenfalls Samen erhältlich, aber in der Regel werden sie nicht gesät, sondern als Steckzwiebeln ab Mitte März bis April oder auch im August und September gesteckt, und zwar mit einem Pflanzabstand von 15 cm und einem Reihenabstand von 20 cm.

Die Winterheckenzwiebel bildet ganze Büschel aus Zwiebellaub. Die Büschel können zur Vermehrung im Herbst geteilt und neu mit 20–25 cm Abstand gepflanzt werden. Bei Anzucht im Herbst können die Pflanzen auch wie Schnittlauch auf der Fensterbank angetrieben und geerntet werden.

Pflege

Lauch mag einen gut mit Nährstoffen versorgten Boden. Beim regelmäßigen Hacken sollte er immer leicht angehäufelt werden, dann wird sein Schaft länger und er bleibt bleich. Lauch braucht viel Wasser, besonders in seiner Hauptwachstumsphase im Juli.

Schalotten brauchen wie Zwiebeln wenig Pflege, sie müssen nur regelmäßig gegossen werden.

Die Winterheckenzwiebel ist anspruchslos und bei uns weitgehend winterhart. Sie benötigt nicht mehr als

In Vorkultur gesäte Schalotten werden im Frühjahr oder im Spätsommer gepflanzt.

Schalotten bilden mehrere miteinander verflochtene Tochterzwiebeln.

etwas Kompost im Frühjahr und regelmäßiges Gießen im Sommer.

Ernte

Bei der Lauchernte stichst du mit einer Grabegabel tief neben dem Lauch ein und hebelst die Pflanze leicht heraus, damit sie nicht abbricht. Knapp unterhalb des Schafts kannst du nun mit einem Messer die Wurzeln abschneiden.

Die gelben oder rötlichen Schalotten bilden nicht eine Zwiebel, sondern teilen sich in eine größere Zahl von Tochterzwiebeln. Diese werden etwas schneller erntereif als die »normalen« Zwiebeln, vertragen aber auch einige Frostgrade.

Bei der Winterheckenzwiebel sind die milden Zwiebelröhren unser Erntegut. Man kann sie das ganze Jahr über ernten, sogar noch in den frostfreien Perioden mitten im Winter.

Inhaltsstoffe

Lauch enthält Vitamin A (Retinol) in seiner pflanzlichen Vorstufe Beta-Carotin. Außerdem enthält Lauch sekundäre Pflanzenstoffe wie Flavonoide und Phenolsäuren, die zu den Polyphenolen gehören.

Schalotten und Winterheckenzwiebeln enthalten weitgehend dieselben Stoffe wie Zwiebeln, nur in anderen Mengen, also unter anderem schwefelhaltige Verbindungen und in höheren Anteilen verschiedene Vitamine (Provitamin A, Vitamine B_1, B_2, B_6, C und E sowie Folsäure).

Verarbeitung

Beim Lauch schneidest du die Würzelchen ab und entfernst die äußeren, schmutzigen und getrockneten Blätter. Vor der Verarbeitung sollte man den Lauch längs halbieren und gründlich waschen, da sich auch zwischen den Blättern leicht Erde sammelt. Angeschnittener Lauch muss bald verwendet werden, da er sonst bitter wird.

Wegen seines würzigen, leicht scharfen Geschmacks setzt man Lauch gern als Würzmittel ein, vor allem in Suppen und Eintöpfen. Gedünstet passt er zu vielen Fleisch- oder Fischgerichten, auch im Salat wird er gern verwendet. Reine Lauchrohkost ist jedoch wegen des scharfen Geschmacks nicht jedermanns Sache.

Schalotten verwendet man am besten roh als Gewürz. Dann bleibt ihr mildes Aroma besser erhalten.

Die Röhrchen der Winterheckenzwiebel eignen sich roh oder gedünstet für Salate und Aufstriche, für Suppen oder als Gemüsebeilage.

Lagerung und Konservierung

Lauch lässt sich lange im Kühlschrank aufbewahren. Außerdem kann er in einer Kiste mit feuchtem Sand an einer frostgeschützten Stelle – beispielsweise im Keller – längere Zeit gelagert werden.

Schalotten lassen sich nach dem Trocknen, ähnlich wie Zwiebeln, lange lagern.

Die Röhrchen der Winterheckenzwiebel dagegen erntest du am besten frisch für den Verbrauch und lagerst sie bestenfalls ein bis zwei Tage im Kühlschrank.

Kartoffeln

25–30 cm	April–Mai	Aug.–Sept.

Bei diesen stärkereichen Knollen hast du die Wahl unter zahllosen Sorten – frühe oder späte, festkochend oder mehlig, verschiedene Formen und Farben sowie auch historische Sorten, die zum Sammeln verführen können. Wer verschiedene Sorten anbaut, hat für jeden Verwendungszweck in der Küche die ideale Kartoffel.

Nach der Ernte bei trockener Witterung ist der Erfolg mit Händen zu greifen.

Sorten

Die Sortenvielfalt ist bei den Kartoffeln riesig – wenn du genug Platz hast, um verschiedene Sorten zu pflanzen, kannst du sowohl köstliche Frühkartoffeln genießen und im Sommer und Herbst die späteren Sorten ernten. Frühe Sorten sind 'Nicola', 'Agria' oder 'Rosara'. Zu den mittleren Sorten gehören 'Charlotte', 'Violetta' und 'Bonita'. Späte Sorten sind beispielsweise 'Aula', 'Desirée' und 'Quarta'. Außerdem kannst du ganz nach Vorliebe festkochende Sorten wie 'Linzer Delikatess' oder 'Cilena' wählen oder eher mehlige wie 'Orla' oder 'Adretta'.

Tipp

Wenn du besonders früh Kartoffeln ernten willst, kannst du sie Ende Februar/Anfang März in einer flachen Kiste an einem hellen Ort vorkeimen. Diese ausgetriebenen Knollen können schon zeitig im April gelegt und erstmals bereits nach etwa 60 Tagen (ab Juni) geerntet werden.

Pflanzung

Kartoffeln legt man ab Ende April bis Mitte Mai, sobald sich der Boden auf 9 °C erwärmt hat und keine stärkeren Nachtfröste mehr drohen. Dann steckt man die Knollen mit 25–30 cm Pflanzabstand etwa 10 cm tief in den Boden. Der Reihenabstand beträgt 75 cm, bei frühen Sorten 60 cm. Verwende nur unverletzte, gesunde Knollen.

Pflege

Sobald die Kartoffelpflanze gekeimt ist und die ersten Laubblätter über der Erdoberfläche erscheinen, sollte man sie mehrmals im Laufe des Sommers anhäufeln: Man zieht die Erde mit dem Rechen links und rechts an die Pflanze heran und bildet so einen Damm oder Hügel, auf dem die Pflanze wächst. In der Erde dieses Damms werden die Kartoffelknollen gebildet – je größer der Damm ist, desto mehr Knollen kann es geben.

Kartoffelschorf und Krautfäule

Die verschiedenen Formen des Kartoffelschorfs werden durch ein Bakterium ausgelöst. Auf den Kartoffeln entstehen auffällige, krustige braune Stellen bzw. kraterförmige Pusteln. Doch trotz dieser Schönheitsfehler können die Kartoffeln weiter bedenkenlos verzehrt werden. Pro-

Wenn die Saatknollen vorgekeimt sind, kann etwas früher geerntet werden.

Nach dem Laubaustrieb lohnt es sich, entlang der Reihen Erde anzuhäufeln.

Blühende Kartoffeln. Zum Einlagern wartet man mit dem Ernten, bis das Kraut verwelkt ist.

blematischer ist die Krautfäule, eine Pilzkrankheit. Bei starkem Befall können die Pflanzen eingehen. Weitere Informationen zu beiden Krankheiten findest du ab Seite 152. Vorbeugend pflanzt man am besten unempfindliche Sorten. Beim Kartoffelschorf sind das zum Beispiel 'Aula' oder 'Desirée', bei der Krautfäule 'Nicola', 'Christa' oder 'Granola'.

Ernte

Ab August können die Kartoffelstauden ausgegraben werden. Dazu gräbst du am besten mit einer Grabegabel den Damm um. Denn wenn man nur an den oberirdischen Pflanzenteilen zieht, verbleiben viele kleinere Knollen im Boden.

Die Ernte sollte bei trockenem Wetter stattfinden. Damit die Schale der Knollen etwas nachhärtet und so unempfindlicher ist gegen Verletzungen und Lagerschäden, sollte man Kartoffeln noch ein bis zwei Tage bei Tageslicht abtrocknen lassen.

Wer die Kartoffeln einlagern will, sollte mit dem Ernten abwarten, bis das Kartoffelkraut vollständig verwelkt ist. Dann ist das Wachstum der Knollen abgeschlossen.

Inhaltsstoffe

Kartoffeln enthalten hochwertiges Protein, viel Vitamin C (Ascorbinsäure) sowie Polyphenole und auch Protease-Inhibitoren.

Verarbeitung

Die Verwertungsmöglichkeiten für Kartoffeln sind äußerst variabel: Pellkartoffeln, Salzkartoffeln, Bratkartoffeln, Kartoffelsalat, Reibekuchen, Kartoffelbrei, Ofenkartoffeln usw.

Vorsicht: Solanin ✳✳✳

Grün verfärbte Kartoffeln dürfen nicht gegessen werden, da sie das Gift Solanin enthalten. Es reicht aber, die entsprechenden Stellen herauszuschneiden. Außerdem tritt das Solanin beim Kochen ins Wasser über, das dann natürlich nicht weiter verwendet werden darf.

Lagerung

Nach der Ernte sollten Kartoffeln möglichst erst zwei Wochen lang in einem kühlen Raum bei etwa 10–15 °C vortrocknen.

Anschließend kann man sie in einem luftigen, möglichst etwas feuchten Raum bei Temperaturen um 7 °C aufbewahren. Der Lagerraum muss außerdem dunkel sein. Ist er zu hell und warm, keimen die Kartoffeln schnell. Ideal geeignet sind die Keller in alten Häusern.

Achte darauf, dass die Kartoffeln nicht dem Frost ausgesetzt sind, weil sich sonst ihr Geschmack verändert.

Keinesfalls sollten die Kartoffeln mit Äpfeln in einem Raum gelagert werden! Äpfel sondern Reifegas ab, das die Kartoffeln schneller altern lässt.

Möhren

2–3 cm März–Juli Juni–Okt.

Ob sie Gelbe Rüben, Karotten oder Möhren heißen – die knackigen, vitaminreichen Rüben gelten nicht nur für Kinder als das gesunde Gemüse schlechthin. Gab es früher meist nur die typische Möhre, sind heute neben langen auch runde oder kegelförmige im Angebot sowie Sorten in Farbnuancen von Hellgelb bis Violett.

Zur Reihensaat werden Möhren vorsichtig aus der Samentüte geklopft.

Wenn sie so gut aufgegangen sind, sollten Möhren auf 2 cm ausgedünnt werden.

Es empfiehlt sich, vor der Ernte den Boden mit einer Grabegabel zu lockern!

Aussaat

Auf leichten, sandigen, humosen oder auch leicht lehmigen Böden gedeihen Möhren besser als auf schweren, steinigen oder gar staunassen. Denn nur dort können die Rüben in die Tiefe wachsen, ohne sich verbiegen zu müssen. Durch tiefes Lockern der Erde kann der Ackerheld diese Anforderungen unterstützen. Auf schweren Böden lohnt es sich sogar, einen etwa 15–20 cm hohen Damm aufzuhäufen und die Möhren in eine Rille einzusäen, die man zuvor oben auf dem Damm zieht.

Möhren werden ab März bis Anfang Juli in Reihen mit einem Abstand von 25–30 cm gesät. Die Kulturdauer von Möhren beträgt 90–105 Tage. Möhren zum Einlagern sollten nicht nach Ende Mai gesät werden, sie bleiben sonst zu klein.

Erwünscht ist zwischen den Pflanzen ein Abstand von 2 cm in der Reihe bei Frühmöhren und Möhren zum Direktverzehr. Möhren zum Einlagern sollten einen etwas größeren Abstand von 3 cm haben. Zur Aussaat zieht man eine kleine Furche und lässt das Möhrensaatgut hineinrieseln. Schon dabei sollte man an den erwünschten Endabstand denken und dünn säen, denn die Keimfä-higkeit des Möhrensaatguts liegt bei 80 Prozent, d.h., acht von zehn Samenkörnern werden zu einer Möhre!

Bei Möhren fördert Lichteinfluss die Keimung, das Saatgut darf also nicht zu tief (1–2 cm) mit Erde abgedeckt

Tipp

Berücksichtige bei der Sortenwahl den gewünschten Anbautermin! 'Nantaise' z. B. ist eine bewährte mittelfrühe Sorte, 'Lange rote stumpfe ohne Herz' eine Spätsorte. Natürlich gibt es viele Neuzüchtungen, die sich u. a. durch hohen Carotingehalt oder Resistenzen auszeichnen. Die violett gefärbten Rüben von 'Purple Haze' kommen der aus dem Vorderen Orient stammenden Ursprungsform nahe und schmecken äußerst süß.

Die farbenfrohen knackigen Rüben sind ein exzellenter Vitamin-A-Lieferant.

werden. Möhren keimen langsam, aber nach vier Wochen muss man sie auf ihren Endabstand vereinzeln. Da alles Unkraut schneller wächst als Möhren im jungen Stadium, sollte man außerdem zwischenzeitlich jäten.

Pflege

Möhren haben einen mittleren Nährstoffbedarf. Für die Wasserversorgung gilt: Selten, aber gründlich gießen! Zur Vorbeugung gegen die Möhrenfliege solltest du das Beet mit einem Kulturschutznetz abdecken. Später empfiehlt sich ein leichtes Anhäufeln. Dadurch werden eventuelle »grüne Köpfe« an der Möhre verhindert.

Ernte

Zur Ernte muss der Boden mit einer Grabegabel gelockert werden, sonst brechen die Möhren (v. a. in schweren Böden) ab. Damit der Nitratgehalt niedrig bleibt, sollten die zur Lagerung vorgesehenen Möhren vier bis sechs Wochen vor der Ernte nicht mehr gedüngt und eine Woche zuvor nicht mehr gegossen werden.

Inhaltsstoffe

Die Möhre enthält von allen Gemüsen am meisten Vitamin A (Retinol) in Form der pflanzlichen Vorstufe Beta-Carotin, daneben liefert sie auch Alpha-Carotin. Außerdem versorgt uns die Möhre mit relativ viel Eisen und Ballaststoffen. Von diesen Nährstoffen profitiert

nicht nur sprichwörtlich unsere Sehfähigkeit, sondern auch unser Allgemeinbefinden.

Verarbeitung

Vor der Verarbeitung dreht man das Laub ab und wäscht und bürstet die Möhren gründlich.

Am gesündesten sind Möhren als Rohkost, ob fein geraspelt als Salat angemacht oder in Streifen geschnitten als Pausensnack. Gemüsefreunde mögen sie auch gern leicht gedünstet. Interessant: Weil das Vitamin A nur in Verbindung mit Fett im menschlichen Körper zur Wirkung kommt, sollte man bei der Zubereitung möglichst etwas Öl oder Butter beifügen.

Neben ihrer Verarbeitung in Speisen kann man Möhren aber auch zu Saft pressen.

Lagerung und Konservierung

Frisch schmecken Möhren am besten! Ziehe deshalb nur die Wurzeln heraus, die du brauchst. Im Kühlschrank halten sie sich bis zu vier Wochen.

Im späten Herbst kannst du Möhren der dafür geeigneten Sorten im Keller schichtweise in feuchtem Sand lagern. Vor der Lagerung sollten sie nicht gewaschen werden, da die anhaftende Erde sie am längsten frisch hält. Allerdings solltest du vorher die Blätter abdrehen.

Geplatzte, kranke oder von Schädlingen befallene Exemplare sortiert man aus.

Rote Bete und Pastinaken

Wer bei diesen Rüben bzw. Wurzeln nur an Zutaten für die Suppe denkt, hat ihre kulinarischen und gesundheitlichen Qualitäten noch nicht erkannt! Rote Bete zeichnet sich durch die aparte erdige Geschmacksnote aus, während die Pastinake mit einem würzig-süßlichen Aroma besticht.

Beim Auspflanzen dürfen die Wurzeln der Rote-Bete-Sämlinge nicht verletzt werden.

Um sie einzulagern, sollte Rote Bete vor den ersten Frösten geerntet werden.

Nach der Ernte Stiele abdrehen und nie zu knapp abschneiden – sonst »blutet« die Rübe.

Aussaat und Pflanzung

Rote Bete hat eine relativ lange Entwicklungszeit, deswegen beginnt die Aussaat ab Mitte April und ist ab Juli nicht mehr zu empfehlen. Die Aussaattiefe sollte 2 cm betragen. Je enger die Pflanzen in der Reihe stehen, desto mehr Zeit benötigen sie, um eine Knolle zu bilden. Ideal sind deshalb ein Reihenabstand von 25–30 cm und ein Pflanzabstand von 6 cm. Dies kann man durch Ausdünnen nach der Keimung erzielen.

Gelbe oder orangefarbene Sorten der Roten Bete bringen Farbe ins Beet. Die alte Sorte 'Tondo di Chioggia' tut sich durch eine rote Ringzeichnung im Inneren sowie ihr süßes Aroma hervor.

Pastinaken werden ab Mitte März bis Mai etwa 1–2 cm tief in Reihen mit 25–30 cm Abstand gesät, am besten auf einem leichten und tiefgründigen Boden. Sie keimen allerdings sehr langsam und sind oft erst nach drei Wochen zu sehen. Später wird dann auf 10 cm Abstand vereinzelt.

Pflege

Rote Bete hat einen mittleren Nährstoffbedarf und mögen humosen Boden. Gegebenenfalls können diese Ansprüche durch eine organische Nachdüngung mit Hornmehl (Stickstoff) befriedigt werden. Ansonsten genügt gelegentliches Hacken und Jäten.

Aufgrund ihres langsamen Wachstums sollte man die Pastinakenreihen vor allem im jungen Stadium von Unkraut freihalten. Das Lockern des Bodens fördert die Entwicklung der Pflanzen ebenso wie die Gabe eines organischen Düngers. Gegossen werden muss nur bei anhaltender Trockenheit, dann aber bitte gründlich.

6 cm
10 cm

April–Juni
März–Mai

Juli–Okt.
Sept.–Dez.

Bei anhaltender Trockenheit sind Pastinaken gründlich zu gießen.

Weil Pastinaken frosthart sind, kann man
sie noch im Winter nach Bedarf ernten.

Vorsicht bei Sonne! ✳ ✳ ✳

Pastinakenblätter können im Hochsommer in Verbindung mit Sonnenlicht phototoxische Hautreizungen
verursachen. Deswegen nur bei bedecktem Himmel in
den Pastinaken arbeiten!

Ernte

Auf dem Acker kannst du bereits ab Juli zu dicht
stehende kleine Rote-Bete-Knollen aus den Reihen
ernten. Zur Einlagerung empfiehlt sich die Ernte vor den
ersten Nachtfrösten im Oktober.

Pastinaken werden bis zu 40 cm lang und 800 g schwer
und können ab September geerntet werden. Wenn du sie
einlagern willst, erntest du sie allerdings am besten erst
Ende Oktober. Da die Pastinake frosthart ist, kann sie
sogar bis zum Ende der Saison im Boden bleiben.

Inhaltsstoffe

Rote Bete enthält viel Folsäure, Flavonoide, die zu den
Polyphenolen zählen und den Rüben ihre typische
intensive rote Farbe verleihen, sowie Saponine und
Protease-Inhibitoren.

Frische Pastinaken enthalten Vitamin C (Ascorbinsäure),
Vitamin B_2 (Riboflavin) und Vitamin B_6 (Pyridoxin). An
Mineralstoffen sind in den Wurzeln relativ viel Zink und
Phosphor enthalten.

Verarbeitung

Verarbeitet werden vor allem die Knollen der Roten Bete.
Einzeln geerntete junge Blätter sind aber auch eine tolle
Salatbeigabe. Nach der Ernte dreht man die Blätter
vorsichtig ab. Man darf sie aber niemals vollständig bis
zu Rübe hin abschneiden. Denn wenn die Knolle verletzt
wird und »blutet«, läuft nicht nur der kostbare rote Saft
aus, sondern dies kann zu vorzeitiger Fäulnis im Lager
führen.

Aus diesem Grund solltest du Rote Bete nach Möglichkeit auch im Ganzen kochen und erst nach dem Kochen
schälen. Du kannst die Rüben auch entsaften.

Pastinaken lassen sich ähnlich wie Möhren oder
Sellerie zubereiten, wobei man auch ihr Kraut verwerten
kann. Sie können Eintöpfen beigemischt oder als
Beilage im Salat mit Essig und Öl angemacht werden.

Lagerung und Konservierung

Im Kühlschrank hält sich Rote Bete einige Zeit. Für
längere Zeit lagert man sie am besten in einem feuchten
Keller oder in einer Kiste mit feuchtem Sand. Dafür gräbt
man sie vorsichtig aus und schneidet das Laub etwa
3–5 cm über dem Wurzelansatz ab.

Die Pastinake hält sich im Kühlschrank ein bis zwei
Wochen. Auch sie lässt sich in einem feuchten Keller
oder alternativ in einer Kiste mit feuchtem Sand lagern.
Dazu gräbst du sie vorsichtig aus und drehst das Laub ab.

Kohl- und Mairüben

| 30–40 cm | Mai–Juni | Sept.–Nov. |
| 10–15 cm | März–Aug. | Mai–Nov. |

Lange Zeit waren sie fast verschwunden, jetzt kommen sie als delikate und kalorienarme Gemüsegerichte oder in Salaten wieder auf den Tisch. Die runden, saftigen Rüben lassen sich recht problemlos anbauen und bieten daher auch für den Garteneinsteiger Erfolgserlebnisse.

Gelegentliches Jäten schafft Platz für die Entwicklung der Pflänzchen im Saatbeet.

Ausreichend Wasser und etwas Kompost genügen, damit sich kräftige Rüben bilden.

Ab Ende September lassen sich bis zu 1,5 kg schwere Kohlrüben ernten.

Aussaat und Pflanzung

Kohlrüben sind auch als Steckrüben bekannt. Man unterscheidet zwischen rot- und grünköpfigen Sorten. Beide eignen sich vorzüglich als Nachkultur, z. B. von Erbsen oder Bohnen.

Damit die Vorgänger genügend Zeit haben, sät man die Rüben ab Ende Mai zunächst in ein eigenes Saatbeet oder in Töpfe und »steckt« sie dann etwa sechs Wochen später, wenn das Beet frei geworden ist, an ihren endgültigen Platz. Es empfiehlt sich ein Pflanzabstand von 30–40 cm und ein Reihenabstand von 50 cm.

Mairüben bleiben etwas kleiner als Kohlrüben und sind entweder weiß oder rot-weiß. Wenn die raschwüchsigen Rüben ihrem Namen gerecht werden und im Mai auf dem Teller landen sollen, muss man sie schon im März säen und auf milde Witterung hoffen. Zuverlässiger gedeihen sie im Frühbeet oder zumindest im Schutz von Vlies oder Folie. Zum Erntezeitpunkt im Mai schmecken sie milder, als wenn sie erst nach Mai gesät und im Sommer geerntet werden. Aber auch späte Saaten von Juli bis August sind möglich, weshalb man sie mancherorts auch als Herbstrüben bezeichnet. Gesät wird in Reihen von ca. 25 cm Abstand, innerhalb der Reihen sollte nach und nach auf 10–15 cm ausgedünnt werden. Eine bewährte Sorte der Mairübe ist 'Golden Ball'.

Teltower Rübchen sind eine aus Brandenburg stammende Spezialität, die noch etwas rascher wächst und kleiner bleibt als die üblichen Mairüben.

Pflege

Mit etwas Reifkompost (siehe S. 43), den du etwa eine Handbreit tief ins Beet einarbeitest, bietest du den Kohlrüben eine gute Starthilfe. Ansonsten sind sie äußerst anspruchslos.

Ein Insektennetz verhindert den Zuflug von Kohlfliegen oder Kohlweißlingen.

Mairüben schmecken besonders zart, wenn man sie jung erntet.

Von Anfang an solltest du darauf achten, dass weder Kohl- noch Mairüben unter Wassermangel leiden. Denn nur in gleichmäßig feuchter Erde bleiben sie schön zart und saftig.

Ernte

Die bis zu 1,5 kg schweren Kohlrüben werden ab Ende September geerntet. Mairüben schmecken am feinsten im jungen Stadium. Warte deshalb nicht zu lange mit der Ernte!

> ## Tipp
>
> Eine kleine Anbauvariante ergibt ein ganz anderes Gemüse: Wenn du die Mairüben dicht aussäst, können sich keine Rüben entwickeln. Stattdessen bildet sich zartes, in die Höhe schießendes Laub an leicht fleischigen Stielen mit mild-würzigem Geschmack. Besonders im Rheinland ist diese Kulturform äußerst beliebt. Der Anbau beginnt mitunter schon ab Februar im Gewächshaus oder ab März im Freien und bringt innerhalb weniger Wochen die feinen Blattstiele, die als Stielmus, Rübstiel oder Namenia bekannt sind und am liebsten mit einer weißen Sauce serviert werden. Im August/September kann man erneut aussäen.

Inhaltsstoffe

Schwefelhaltige ätherische Öle, viele Mineralstoffe, Traubenzucker und Vitamine (C, Provitamin A und B-Gruppe) machen den gesundheitlichen Wert der Kohl- und Mairüben aus. Aufgrund ihres hohen Wassergehalts sind sie sehr kalorienarm.

Verarbeitung

Während die Kohlrübe in früheren Notzeiten noch als Arme-Leute-Essen galt, sieht man sie heute sogar auf den Speisekarten der Gourmetrestaurants. Gewaschen, dick geschält und gewürfelt oder in feine Stifte geschnitten, lässt sich aus den angenehm süßlichen Rüben ein Salat anrichten. Oder sie landen im Topf, wo sie je nach Gusto in Salzwasser kochen oder in Fett schmoren und zu einer deftigen Suppe oder zu Püree verarbeitet werden. Nur nicht zu lange kochen, damit sie noch Biss haben!

Vor allem junge Mairüben sind roh eine hervorragende Salatzutat. Mit ihrem süßlichen Geschmack und ihrer milden Schärfe gelten sie besonders in Frankreich als Delikatesse und lassen sich ansonsten wie Kohlrüben verwerten.

Lagerung und Konservierung

Ausgereifte Kohlrüben sind im kühlen Keller oder zerkleinert im Gefrierfach monatelang haltbar.

Mairüben bleiben im Kühlschrank ein bis zwei Wochen frisch.

Teltower Rübchen lassen sich im kühlen Winterlager in Sand wochenlang aufbewahren. Stielmus dagegen sollte möglichst rasch aufgebraucht werden.

Rettich und Radieschen

15–20 cm 5 cm	März–Aug. März–Sept.	Mai–Okt. Mai–Okt.

Das Objekt der kulinarischen Begierde ist bei diesen Gemüsearten das verdickte Stängelstück zwischen Wurzelansatz und Keimblättern. Und das kann beim Rettich je nach Sorte ganz unterschiedlich aussehen: lang gezogen, zapfenförmig oder rund. Auch ein Radieschen muss nicht immer klassisch rund sein. Und die Farbpalette reicht von Weiß über Rot bis zu Blau-Violett. Vom Rettich gibt's sogar schwarze Sorten.

Bei der Vorkultur ist auf einen stabilen Wurzelballen zu achten.

Rettiche sollten nach dem Aufgang auf 15–20 cm Abstand ausgedünnt werden.

Radieschen dürfen enger stehen, müssen aber auch ausgedünnt werden.

Aussaat und Pflanzung

Wichtig ist beim Rettich die Unterscheidung der Sorten nach ihrer jahreszeitlichen Anbaueignung. Frühsorten (z. B. 'Ostergruß rosa') können bereits ab März ins Beet gesät werden, letzte Wintersorten kommen bis August in die Erde, z. B. die Sorte 'Runder Schwarzer Winter'.

Es empfiehlt sich, den Boden vor der Saat tiefgründig zu lockern, damit sich schön gleichmäßige Rüben bilden können. Als Reihenabstand haben sich 30 cm bewährt, innerhalb der Reihe vereinzelt man die Pflänzchen auf 15–20 cm.

Auch bei Radieschen gibt es auf Jahreszeiten spezialisierte Sorten, aber auch solche, die die ganze Saison über zurechtkommen, wie z. B. 'Cherry Belle' oder die weiße Sorte 'Eiszapfen'.

Um schön runde Knollen bilden zu können, brauchen Radieschen Licht und ausreichend Platz, von Pflanze zu Pflanze mindestens 5 cm. Ganz bequem sind Saatbänder, die der Handel anbietet. In sie sind die Samenkörner schon im richtigen Abstand eingelegt. Achte darauf, dass die Samen nicht tiefer als 1 cm unter die Erde kommen. Denn eine zu tiefe Saat kann zu unförmigen oder länglichen Knollen führen. Von Reihe zu Reihe ist ein Abstand von 15 cm zu empfehlen.

Pflege

Rettichkenner gießen ihre Schützlinge zunächst sparsam, um die Wurzel- bzw. Rübenbildung anzuregen. Sobald diese aber etwa bleistiftdick sind, wird die Erde gleichmäßig feucht gehalten. Schwankungen in der

Die knackigen roten Radieschenknöllchen sind bereits nach rekordverdächtigen vier Wochen erntereif.

Bodenfeuchte haben nämlich zur Folge, dass die Rüben pelzig oder übermäßig scharf werden und platzen.

Kaum ein Gemüse reift in so kurzer Zeit heran wie Radieschen. Entsprechend gering ist ihr Nährstoffbedarf. In der Regel genügt es, vor der Aussaat im Frühjahr pro m² 2–3 l Kompost einzubringen.

Wie beim Rettich kann auch Trockenheit die kleinen Radieschenknollen in Bedrängnis bringen. Lass den Boden deshalb am besten nie ganz abtrocknen!

Ernte
Frühe Rettichsorten sind oft schon nach acht Wochen erntereif, späte Sorten brauchen etwas länger, etwa 14 Wochen. Normalerweise kann man die Rüben dann einfach am Laubschopf packen und von Hand herausziehen. Nur bei sehr länglichen Sorten und festen Böden ist manchmal eine Grabegabel nötig.

Radieschen sind im Sommer oft schon nach nur vier Wochen nach der Aussaat erntereif. Frühsaaten brauchen etwas länger, ebenso spät ausgesäte, die man erst im Spätherbst erntet.

Inhaltsstoffe
Schwefelhaltige Senföle sind verantwortlich für den scharfen Geschmack von Rettich und Radieschen – und für ihre hohe gesundheitliche Bedeutung. Dazu kommt ein beachtlicher Gehalt an Vitamin C und den Mineral-

stoffen Kalium, Kalzium und Eisen. Schon die Ur-Ackerhelden nutzten den Rettich als Heilmittel bei Husten und Heiserkeit, Rheuma, Verdauungsproblemen, Leberschwäche und vielen anderen Gebrechen.

Verarbeitung
Rettich wird am liebsten roh verzehrt: in feinen Scheiben als Brotbelag, geraspelt im Salat oder als Fingerfood. Salz macht scharfe Rüben etwas milder, allerdings schwemmt es auch einen Teil der Nährstoffe aus.

Die knackigen Radieschen schmecken als farbenfrohe Einlage im Salat, in feine Scheiben geschnitten auf dem Butterbrot, als würzige Zutat im Frühlingsquark oder einfach nur als Knabbergemüse. Das frische und junge Radieschengrün kannst du übrigens bedenkenlos in den Salat schneiden oder sogar als warme Gemüsebeilage dünsten.

Lagerung und Konservierung
Sommerrettich bleibt im Kühlschrank etwa eine Woche lang knackig. Ausgereifter Winterrettich lässt sich im kühlen Keller bis ins kommende Frühjahr lagern.

Radieschen lassen sich kaum länger als drei Tage frisch halten. Am längsten bleiben sie knackig, wenn man die Blätter abdreht und die Knollen in ein feuchtes Tuch wickelt oder in einer Schüssel mit frischem Wasser bedeckt in den Kühlschrank legt.

Kohlrabi

20 cm März–Juli Mai–Okt.

Der schnellwüchsige Kohlrabi begnügt sich mit relativ wenig Düngung, kann in der Jahresplanung als Vor- und Nachkultur eingeschoben werden und nach der Ernte roh wie gekocht verzehrt werden. Aufgrund dieser Genügsamkeit und Vielseitigkeit ist er mit seinen Sprossknollen für viele der Favorit unter den Kohlgemüsen.

Jäten, hacken, ein wenig düngen – Kohlrabi braucht nicht viel zum Wachsen.

Dieser blaue Kohlrabi ist dank einer Vliesabdeckung frühzeitig erntereif.

Aussaat und Pflanzung

Kohlrabi wird gern vorgezogen. Geschützt im Frühbeet oder im Gewächshaus ist dies bereits ab März möglich. Dabei sollte man allerdings auf schossfeste Sorten achten. Ab April kann Kohlrabi satzweise, also in Abständen von jeweils drei bis vier Wochen ins Freie gesät oder auch gesetzt werden, sodass man den ganzen Sommer über ernten kann. Als Pflanzabstand und Reihenabstand empfehlen sich 20 cm, bei größeren Sorten auch mehr. Sät man Kohlrabi aus, lässt man zwischen den Saatreihen 25–30 cm Platz, später wird dann ausgedünnt. Der späteste Saattermin ist Ende Juli, der letzte Pflanztermin ohne Schutzmaßnahme Anfang August. Danach lassen sich nur noch mithilfe von Vlies oder Folie erntefähige Kohlrabiknollen kultivieren.

Es gibt weiße Sorten mit hellgrünen Knollen (z. B. 'Lanro', 'Delikatess') und blaue Sorten mit violetter Schale ('Azur Star', 'Blaro'), die sich im Geschmack nicht

wesentlich voneinander unterscheiden, sowie Sorten, die besonders große Knollen bilden wie 'Superschmelz'. Wichtig für deine Wahl ist in jedem Fall, dass die Sorte schossfest ist und dass die Knolle lange zart bleibt.

Pflege

Kohlrabi wächst im Sommer am kräftigsten, zu dieser Zeit vergehen von der Pflanzung bis zur Ernte nur sieben bis acht Wochen! Da er im Gegensatz zu den großen Kopfkohlarten nur ein Mittelzehrer ist, begnügt er sich mit Kompost- und zurückhaltenden Düngergaben.

Um dem Befall mit Kohlweißlingsraupen vorzubeugen, kann man die Blattunterseite regelmäßig nach Eigelegen absuchen und diese entfernen.

Im Frühjahr und im Herbst kannst du das Wachstum durch eine Abdeckung mit Vlies oder Folie beschleunigen. In einem frostfreien Gewächshaus kann Kohlrabi sogar ganzjährig angebaut werden.

Die Sorten bringen Farbe ins Beet, zeigen aber kaum geschmackliche Unterschiede.

Tipp

Vor allem im Sommer ist ab beginnender Knollenbildung eine regelmäßige Wasserversorgung der Pflanzen unerlässlich! Denn Schwankungen der Bodenfeuchte können dazu führen, dass die Knollen holzig werden oder »platzen«, also Risse bekommen, in denen sich Fäulniserreger festsetzen können.

Ernte

Ein durchschnittlicher Kohlrabi ist erntereif, wenn die Knolle etwa 8–10 cm Durchmesser hat (Ausnahme: Sorte 'Superschmelz'). Verpasst man den optimalen Erntezeitpunkt, wird die Knolle schnell holzig. Zur Ernte muss der Kohlrabi mit einem scharfen Messer oder mit der Gartenschere direkt unterhalb der Knolle abgeschnitten werden. Denn die verholzte Sprossachse lässt sich kaum durchschneiden.

Inhaltsstoffe

Kohlrabi enthält Vitamin C (Ascorbinsäure), Vitamin B_6 (Pyridoxin) und relativ viel Kalium und Magnesium. An sekundären Pflanzenstoffen liefert Kohlrabi Glucosinolate und Flavonoide.

Verarbeitung

Beim Kohlrabi wird der fleischig gestauchte Spross geerntet, der sich durch seinen besonders milden Kohlgeschmack auszeichnet. Vor dem Verzehr wird die Knolle geschält. Auch die Blätter kann man verwenden, vor allem die jüngeren, unbeschädigten. Sie enthalten viel Eisen.

Gerade Kinder essen sehr gern rohen Kohlrabi, in Scheiben oder Stifte geschnitten. Die Knollen kannst du aber auch klein geschnitten als Bestandteil einer leckeren Gemüsesuppe beigeben oder gedünstet und mit weißer Soße servieren oder mit einem würzigen Käse überbacken.

Lagerung und Konservierung

Kohlrabi verwendet man am besten frisch. Im Kühlschrank lässt er sich aber gut einige Zeit aufbewahren. Für die längerfristige Lagerung entfernt man die Blätter bis zu den Herzblättern und schlägt den Kohlrabi in feuchten Sand ein. So hält er sich einige Wochen.

Sellerie

30 cm

Feb.-April

Aug.-Okt.

Obwohl Sellerie ursprünglich vom Mittelmeer stammt, ist die würzige Knolle seit Langem fester Bestandteil unseres Speiseplans. Wie einige andere verwandte Doldenblütler – Petersilie, Liebstöckel oder Pastinaken zum Beispiel – bringt Sellerie ein ganz eigenes Aroma auf den Tisch.

Aufgrund seiner langsamen Entwicklung ist Sellerie schon früh vorzuziehen.

Damit sich eine große Knolle bildet, benötigt Sellerie viel Wasser und Nährstoffe.

Die Knollen ergeben leckere Suppen, eignen sich aber auch für raffiniertere Rezepte.

Aussaat und Pflanzung

Knollensellerie hat eine lange Vegetationsdauer. Daher muss er zeitig – unter günstigen Bedingungen bereits ab Februar – auf der warmen Fensterbank vorgezogen werden. Meist aber ist es günstiger, sich vorgezogene Jungpflanzen zu besorgen und diese nach den Eisheiligen auf den Acker zu setzen, mit einem Pflanzabstand von etwa 30 cm und keinesfalls zu tief. Der Reihenabstand beträgt 40 cm. 'Bergers weiße Kugel' ist eine bewährte alte Sorte mit großen Knollen, 'Monarch' ist besonders für die Einlagerung zu empfehlen.

Sellerie-Verwandte

Neben dem bekannten Knollensellerie findet man in den Gemüsebeeten häufig auch noch den Stangen- oder Bleichsellerie sowie den Schnittsellerie.

Stangen- oder Bleichsellerie ist durch fleischige Stängel gekennzeichnet, die sich durch Bleichen zwei bis drei Wochen vor der Ernte hin zu goldgelb verfärben. Dazu umwickelt man sie mit Folie oder Wellpappe. Die Kultur gleicht ansonsten der des Knollenselleries.

Schnittsellerie darf im Mai/Juni direkt gesät werden.

Pflege

Sellerie ist ein Starkzehrer und braucht daher einen humosen, gut mit Nährstoffen versorgten Boden, damit er eine große Knolle bildet, die nicht hohl wird. Während der Hauptwachstumsphase im Juli und August benötigt Sellerie außerdem dringend ausreichend Wasser.

Ernte

Gesundes Laub kannst du schon während der Knollenentwicklung gelegentlich zum Würzen ernten.

Ab August kannst du dann die ersten Knollen ernten. Da sie noch lange an Umfang und Gewicht zulegen, empfiehlt es sich jedoch, die Knollen lange stehen zu

Stangensellerie wird ebenso angebaut, liefert jedoch »nur« fleischige Stiele.

Die Blätter des Schnittselleries werden als Würz- und Suppenkraut geerntet.

lassen und immer nur nach Bedarf zu ernten. Dazu schneidest du sie unterhalb der Knolle mit einem Messer flach ab, so bleibt die Hauptwurzelmasse im Boden.

Zur Einlagerung werden die Knollen vor dem ersten Frost geerntet und sowohl die Wurzeln als auch die Blätter abgeschnitten. Dabei sollte die Knolle möglichst wenig verletzt werden – an solchen Wunden fängt sie sonst im Lager an zu schimmeln.

Von Schnittsellerie kann man die würzigen Blätter mitsamt Stielen nach Bedarf ernten und als Suppen- und Würzkraut nutzen.

Stangensellerie kann vom Sommer bis in den Herbst hinein nach Bedarf geerntet werden.

Inhaltsstoffe
Beim Knollensellerie sind neben Mineralstoffen und ätherischen Ölen vor allem Vitamin B_6 (Pyridoxin) und Phosphor erwähnenswert.

Tipp
Da Sellerie ursprünglich ein Bewohner des Meeresufers ist, reagiert sein Wachstum dankbar auf gelegentliche Gaben von etwas Kochsalz. Man streut es einfach auf die Erde rund um die Pflanze. Auch eine Gabe von jungem Kompost ist hilfreich.

Stangensellerie enthält reichlich Kalium, Natrium, Magnesium und Kalzium sowie verschiedene sekundäre Pflanzenstoffe. Überdies ist er extrem kalorienarm.

Verarbeitung
Zuerst entfernst du beim Sellerie die Blätter und wäscht die Knolle, indem du sie gut abbürstest. Knorrige und verzweigte Stellen schneidest du ab.

Sellerie ist das typische Suppengemüse, kann aber auch als Salat zubereitet werden. Beliebt sind auch Sellerieschnitzel, wofür die gesäuberte Knolle in Scheiben geschnitten, paniert und gebraten wird. Mit einer Ananasscheibe kombiniert ist sie eine Delikatesse!

Die Blätter des Schnittselleries können frisch oder getrocknet als Suppenwürze verwendet werden.

Stangensellerie besitzt ein etwas feineres Aroma und ist ideal für die kalorienarme Rohkost. Man kann die Blattrippen beispielsweise zum Dippen verwenden oder mit Käse überbacken.

Lagerung und Konservierung
Im Kühlschrank bleiben Sellerieknollen über Wochen haltbar, am besten in Zeitungspapier gewickelt. Zur Einlagerung über Winter werden Schadstellen ausgeschnitten, bevor man die Knollen trocken in Kisten legt und kühl aufstellt.

Verwendet man die Blätter vom Schnittsellerie nicht frisch, kann man sie klein hacken und trocknen.

Stangensellerie sollte man am besten frisch verwenden und nur wenige Tage im Kühlschrank aufbewahren.

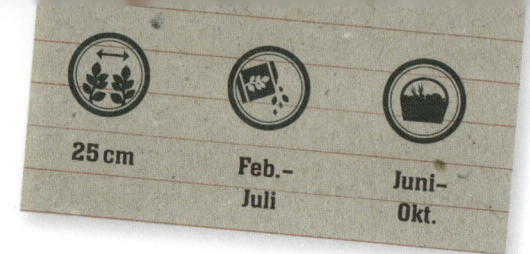

25 cm   Feb.– Juli   Juni– Okt.

Fenchel

Beim Fenchel sind die verdickten Blattansätze wie bei einer Zwiebel zu einer Knolle zusammengewachsen. Deren intensives, typisches Aroma hat den Fenchel zu einem beliebten Gemüse gemacht, das roh wie gekocht äußerst schmackhaft und gesund ist.

Fenchel wird am besten direkt gesät, 2 cm tief bei 30–40 cm Reihenabstand.

Unkraut lässt sich auf dem offenen Boden von Hand oder durch Hacken entfernen.

Aussaat und Pflanzung

Fenchel kann schon ab Jahresanfang geschützt vorgezogen werden. Voraussetzung bei Saatterminen vor Juni ist allerdings, dass man darauf achtet, ausschließlich schossfeste Sorten zu verwenden wie zum Beispiel die bewährte Sorte 'Zefa Fino'. Denn Fenchel ist eine Langtagspflanze, die unter dem Einfluss langer Tage und hoher Temperaturen eigentlich keine Knollen, sondern nur Blütenstände bildet.

Fenchel bildet eine Pfahlwurzel und reagiert deshalb empfindlich aufs Verpflanzen. Man sät ihn am besten direkt in 2 cm tiefe Saatrillen. Weil Fenchel zudem sehr frostempfindlich ist, sollte er bevorzugt ab Anfang Mai bis Juli ins Freie gesät oder gepflanzt werden. Bei einer Kulturdauer von ca. 70 Tagen kommen frühere und spätere Sätze sonst in die Gefahr, durch Nachtfröste Schäden zu erleiden. Der Pflanzabstand beträgt 25 cm, der Reihenabstand 30–40 cm.

Gewürzfenchel

Der Gewürzfenchel ist in seinen Eigenschaften etwas näher an der Naturform, wie wir sie von den Straßenrändern mediterraner Urlaubsländer kennen. Sie zeichnet sich durch mannshohe, fein gefiederte Blatttriebe und schirmförmige Doldenblüten aus. Diese zeigen sich erst im Juli des zweiten Wuchsjahrs und liefern schließlich die Samen, aus denen sich ein krampflösender Tee herstellen lässt, der unter anderem bestens zur Verdauungsförderung von Kindern und Säuglingen geeignet ist.

Pflege

Fenchel liebt einen tiefgründigen, warmen und humosen Boden. Schwere, zur Vernässung neigende Böden sollten ausgiebig mit Kompost versorgt werden. Notfalls kann man einen kleinen Damm anlegen, um den Fenchel darauf anzubauen, sodass er trockener steht.

Auch kleine Knollen entfalten das typische Aroma – Hauptsache, sie schossen nicht!

Die Gabe eines organischen Düngers stellt die Nährstoffversorgung sicher. Während der Wachstumszeit ist für das Gedeihen vor allem eine ausgeglichene Wasserversorgung wichtig.

Ernte

Die Fenchel-»Zwiebel« erntest du am besten, solange die verdickten Blattgründe noch eng anliegen. Dazu schneidest du unterhalb der Knolle den Wurzelhals durch. Dann ist der Fenchel noch zart und wenig faserig und kann sowohl roh als auch gedünstet gegessen werden.

Wenn man den Erntezeitpunkt verpasst, beginnt der Fenchel leicht zu schossen, das heißt, die Zwiebelschichten beginnen sich zu strecken, der ganze Fenchel wächst in die Höhe und bildet Blütenstände aus. Dann ist die Knolle meist hart und faserig.

Inhaltsstoffe

Fenchel enthält sehr viel Vitamin C (Ascorbinsäure) und Beta-Carotin, außerdem relativ viel Vitamin B_1 (Thiamin), Folsäure und viel Vitamin E (Tocopherol). An Mineralstoffen sind sehr viel Eisen, Magnesium, Kalium und Kalzium enthalten.

Verarbeitung

Nachdem Kraut und Wurzel abgeschnitten sind, werden die Stängel eingekürzt, die Knolle wird gewaschen und dann halbiert. Zarte Stängel und frisches Kraut kann man mitverwenden. Angeschnittener Fenchel sollte direkt verwertet werden, weil er sich sonst verfärbt.

Mit seiner knackigen, faserreichen Struktur hat sich Fenchel zu einer beliebten kalorienarmen Rohkost entwickelt, er schmeckt aber auch gegart und mit Käse überbacken köstlich.

Die Fenchelblätter sehen denen des Dills nicht nur sehr ähnlich, sondern können auch in vergleichbarer Weise als Kräuter eingesetzt werden, vor allem in Fischgerichten und Salaten.

Lagerung und Konservierung

Fenchel kannst du im Kühlschrank – am besten in einer Plastiktüte – bis zu 14 Tage lang aufbewahren.

Bei bevorstehender Frostgefahr im Herbst gräbt man die Pflanzen aus, schneidet die Wurzeln ab, stutzt Blätter und Stiele und gräbt den Fenchel anschließend im Keller in feuchtem Sand aufrecht stehend ein. So hält er noch einige Wochen.

Fruchtgemüse

Auch einige Gemüsepflanzen tragen als Ergebnis der geschlechtlichen Vermehrung saftige Früchte – beispielsweise Tomaten oder Gurken. Doch anders als das meist süße Obst schmecken sie eher erfrischend, würzig oder gar scharf.

Gurken

80–100 cm   April–Mai   Juni–Sept.

Wie die meisten Fruchtgemüse sind Gurken wärmebedürftig und benötigen eine warme Vorkultur, aber die Aussaat gelingt recht einfach. Wer diesen Aufwand umgehen will, holt sich einfach ein paar Pflänzchen beim Biogärtner. Der Lohn sind erfrischende, kalorienarme Früchte in Hülle und Fülle.

Junge Gurken brauchen viel Wärme. Nach Ende der Frostgefahr wachsen sie rasch.

Damit sich die Pflanzen hochranken können, sollten sie bald aufgebunden werden.

Aussaat und Pflanzung

Die Gurke hat sehr hohe Temperaturansprüche und reagiert schon auf Temperaturen nahe dem Gefrierpunkt mit Kälteschäden. Deswegen können nur bestimmte Sorten im Freiland angebaut werden. Die anderen benötigen die wärmeren Bedingungen eines Gewächshauses, damit sie zufriedenstellende Ernten bringen. Auch die beabsichtigte Nutzung in der Küche sollte man bei der Sortenwahl beachten.

Es gibt die großen Schlangengurken für Gewächshaus und Frühbeet, Salatgurken fürs Freiland, die kleinen Einlege- oder Traubengurken sowie Mini-Aromagurken, die keinen Schnitt benötigen.

Im frostsicheren Gewächshaus kann die Kultur ab Mitte April beginnen. Die Aussaat der großen Samen in ausreichend große Töpfchen (ab 8 cm Durchmesser) hat recht gute Erfolgschancen, wenn man sie bei Temperaturen von 25 °C warm genug aufstellt.

Ins Freie können die Gurken erst nach den Eisheiligen gepflanzt werden, am besten sogar erst Ende Mai bis Anfang Juni in gut gedüngten Boden. Der Pflanzabstand beträgt 80–100 cm, der Reihenabstand ca. 100–150 cm.

Pflege

Im Garten wollen Gurken möglichst eine sonnige, windgeschützte Stelle auf nährstoffreichem, humosem Boden. Dort brauchen die rankenden Gurken ausreichend Platz, annähernd 4 m² pro Pflanze. Besser ist es, die Triebe an einem aufgestellten Gitter hochzuleiten, zum Beispiel einem etwa 1 m hohen Baustahlgewebe. Dadurch schlägst du mehrere Fliegen mit einer Klappe: Die Pflanzen brauchen weniger Platz und bilden mehr Früchte. Und die Früchte liegen nicht am Boden, verschmutzen kaum und lassen sich bequemer ernten.

Während der Entwicklung der Früchte ist es besonders wichtig, die Pflanzen regelmäßig mit Wasser zu versorgen. Gieße möglichst morgens oder abends, und zwar mit abgestandenem Wasser. Kaltes Leitungswasser, das direkt auf die Blätter gelangt, kann bei der Pflanze einen Schock verursachen.

Die Früchte dürfen früh gepflückt werden, weil sich dadurch mehr neue entwickeln.

Im Gewächshaus muss man die langen Ranktriebe an Schnüren aufleiten und schneiden, wenn sie zu hoch werden.

Ernte

Die ideale Größe der erntereifen Früchte hängt von der jeweiligen Sorte ab. Die Pflanzen sollten regelmäßig durchgepflückt werden, damit einzelne Exemplare nicht zu groß werden. Hierdurch wird auch die Entwicklung neuer Früchte gefördert.

Inhaltsstoffe

Gurken bestehen zu 96 Prozent aus Wasser. Sie enthalten bedeutende Mengen an sekundären Pflanzenstoffen, hauptsächlich Polyphenole und Phytosterine.

Tipp

Erfahrene Gärtner setzen Gurkenpflanzen auf eine schwarze Mulchfolie. Diese unterdrückt nicht nur Unkraut, sondern hält auch mehr Wärme und die Feuchtigkeit länger im Boden, wodurch sich die Erträge sowohl verfrühen als auch deutlich steigern lassen.

Verarbeitung

Mit ihrem hohen Wassergehalt sind Gurken erfrischend und arm an Kalorien, aber reich an Ballaststoffen. Dies kommt einer bewussten Ernährungsweise entgegen. So eignen sich Gurken ideal als Fitnesskost, als frische Brotbeilage oder im Salat.

Im jungen Stadium können Gurken mit der dunkelgrünen Schale gegessen werden, bei einigen Sorten stören lediglich die kleineren Pocken auf der Schale. Im älteren Stadium verhärtet sich die immer heller werdende Schale und die Samenkerne bilden sich fest aus. Dann sind die Gurken oft schmackhafter, wenn man sie kocht und als Schmorgemüse serviert.

Lagerung und Konservierung

Die typische Aufbewahrungsart für Schälgurken ist die Verarbeitung zu Senfgurken. Dafür schälst du die Gurken, halbierst sie der Länge nach und entfernst das Kerngehäuse. Nachdem sie 2–3 Minuten in kochendes Wasser gelegt wurden, lässt man sie abkühlen. Nach dem Abtropfen schneidest du die Gurken klein und schichtest sie mit reichlich Senfkörnern in gut verschließbare Gläser.

Als Variationen bieten sich Gewürze von Borretsch über Chili bis hin zu Ingwer an – du kannst sie ganz nach deinem persönlichen Geschmack dazugeben. Dann füllst du die Gläser mit Wasser auf, erhitzt sie etwa 25 Minuten lang bei ca. 85 °C und verschließt sie anschließend sofort.

Tomaten

50-100 cm   März–April   Juli–Okt.

Die Krönung des eigenen Gemüsebeets sind zweifellos die saftigen roten Tomaten, mit ihrem süßen Geschmack und ihrer Vielfalt an Formen. Egal ob rund, eiförmig, rot, gelb oder getigert. Nie schmecken die Früchte so gut, als wenn man sie voll ausgereift und noch warm von der Sonne im eigenen Garten ernten kann.

Die Vorkultur sollte möglichst kräftige, kompakte Jungpflanzen hervorbringen.

Damit sie stabil und sicher stehen, bindet man die meisten Tomaten an einen Stab.

Die Entwicklung von Blüten und Früchten lässt sich durch Düngung fördern.

Aussaat und Pflanzung

Tomaten werden bei etwa 20 °C in der ersten Märzhälfte an einem hellen Platz ausgesät, damit sie zeitig fruchten. Sobald die Pflänzchen groß genug sind, setzt man sie einzeln in kleine Töpfchen mit 8 cm Durchmesser. Wenn die Pflänzchen so groß werden wie das Gefäß, sollten sie in ein größeres umgesetzt werden. Ins Freie darf man die frostempfindlichen Tomaten nämlich erst nach den Eisheiligen auspflanzen. Es sei denn, man hat ein Gewächshaus – dort können sie ab April die ganze Saison über Platz nehmen. Der Pflanzabstand beträgt 50–60 cm, der Reihenabstand ebenfalls. Wildtomaten benötigen aufgrund der rankenden Wuchsform 100 cm Pflanzabstand.

Natürlich gibt es genügend Gründe, dass du dir – statt auszusäen – vorgezogene Jungpflanzen beim Biogärtner besorgst. In der Regel erhältst du dabei kräftigere und kompaktere Pflanzen, weil in der Gärtnerei bessere Anzuchtbedingungen herrschen. Gerade im Biobereich wird die Sortenvielfalt intensiv gepflegt und so gibt es ein reichhaltiges Angebot an alten und neuen Sorten für jeden Geschmack.

Sorten

Aus dem Supermarkt kennt jeder die runden Stabtomaten. Darüber hinaus gibt es Fleischtomaten, flaschenförmige Sorten, Eier- und Pflaumentomaten, die kleinfrüchtigen Kirschtomaten (z. B. 'Zuckertraube') sowie kompakt wachsende Balkonsorten ('Tumbling Tom'). Es gibt auch Sorten mit gelben oder getigerten Früchten. Neben Farbe, Form und Geschmack lohnt es sich aber auch, bei der Wahl der Sorten auf Robustheit und Resistenzen zu achten.

Wildtomaten sind widerstandsfähiger als die normale Kulturtomate und können deswegen problemloser im Freiland angebaut werden. Sie müssen im Gegensatz zu den Kulturtomaten nicht hochgebunden und nicht ausgegeizt werden. Im Allgemeinen kann man Wildtomaten von August bis in den Oktober hinein ernten, da sie tolerant auf die Krautfäuleerreger reagieren und bestenfalls erst im Herbst krank werden, wenn die Ernte vorbei ist.

Pflege

Im Lauf des Wachstums brauchen die meisten Tomatenpflanzen eine Stütze. Man kann sie dazu an einfache

Eine Vielfalt verschiedener Sorten regt zum Probieren an.

Damit das Triebgewirr nicht unübersichtlich wird, ist regelmäßig auszugeizen.

Holzstäbe binden, spezielle Spiralen verwenden oder im Gewächshaus an Schnüren hochziehen.

Mit Ausnahme der kleinfrüchtigen Sorten sollte man die Pflanzen regelmäßig ausgeizen, d. h. aus den Blattachseln entstehende Seitentriebe ausbrechen.

Die Pflanzen reagieren mit reicher Fruchtentwicklung, wenn man ihnen zwei bis drei Wochen nach dem Auspflanzen und eventuell noch einmal zu Erntebeginn jeweils eine Handvoll organischen Stickstoffdünger (Hornmehl) verabreicht oder gar einen regelmäßigen Nachschlag in Form von Flüssignahrung gibt, zum Beispiel in Form von Brennnesseljauche.

Zur Ernteverfrühung kann man im August auch die Spitzentriebe einkürzen.

Im Lauf der Kultur werden Tomaten oft von Krankheiten befallen. Das Wichtigste dazu findest du ab S. 150.

Ernte

Die Ernte ist bei den meisten Sorten recht einfach. Sobald sich die Früchte ab Juli (je nach Sorte) rot ausgefärbt haben, sollte man sie auch bald ernten, damit sie nicht zu Boden fallen oder platzen. Weil Tomaten keinen Frost vertragen, solltest du sie rechtzeitig abernten.

Inhaltsstoffe

Tomaten enthalten Vitamin C (Ascorbinsäure), Beta-Carotin und in großen Mengen Lycopin, das den Früchten ihre rote Farbe verleiht. Als weitere sekundäre Pflanzenstoffe sind Phenolsäuren, Phytosterine und Terpene enthalten.

Verarbeitung

Vor allem die kleinfrüchtigen Tomatensorten verführen dazu, sie frisch von der Pflanze gepflückt in den Mund zu stecken. Aber auch die Verarbeitungsmöglichkeiten für Tomaten sind äußerst vielfältig: roh zur Brotzeit oder in Salaten, gegart im Gemüse oder auf der Pizza. Dazu passen alle typischen Kräuter des Südens. Oregano entfaltet in Kombination mit Tomaten den typischen Pizzageschmack, Rosmarin gehört zu Ketchup. Besonders gut harmonieren Tomaten mit Basilikum, Mozzarella und einem guten Olivenöl – der perfekte Genuss.

Lagerung und Konservierung

Nach der Ernte sollten Tomaten innerhalb der ersten drei bis vier Tage aufgebraucht werden. Bei der Lagerung ist zu beachten, dass Tomaten ein Gas (Ethylen) abgeben, das Obst und Gemüse reifen lässt.

Grüne Tomaten, die vor dem Einsetzen von Frost geerntet werden, können noch nachreifen. Dafür schneidest du den ganzen Trieb ab, lagerst ihn in einem frostfreien Raum und lässt die Früchte je nach Bedarf an einem warmen, aber dunklen Ort nachreifen – jedenfalls nie unter direkter Sonneneinwirkung.

Zucchini

100 cm   April–Juni   Juni–Sept.

Diese mediterrane Kürbisart wächst und fruchtet so üppig, dass man oft gar nicht hinterherkommt, die Ernte zu verwerten. Deshalb genügt für kleine Haushalte eine einzige Pflanze. Die vielfältig einsetzbaren Früchte kennt jeder. Es lohnt sich aber auch, einmal die Blüten auf verschiedene Arten zubereitet zu probieren.

Zucchini wünschen sich einen humosen und nährstoffreichen Standort.

Eine Mulchschicht hält den Boden länger feucht und die Frucht sauberer.

Sogar die großen Zucchiniblüten werden gefüllt oder frittiert als Delikatesse gehandelt.

Aussaat und Pflanzung

Die Zucchini ist sehr frostempfindlich. Deshalb dürfen die Pflanzen – ob gesät oder gepflanzt – erst nach dem Ende der Frostperiode (Mitte Mai) ins Freie. Und auch danach sollte man sie vor kalten Nächten mit einer (Vlies-)Abdeckung schützen.

Zucchini entwickeln sich relativ rasch, sodass man sie noch bis Ende Juni ins Freiland säen kann. Allerdings bringen sie schneller erste Früchte, wenn man sie ab Mitte April am Fensterbrett bei über 20 °C aussät. Dazu legt man die großen Samen einzeln in Töpfchen mit mindestens 8 cm Durchmesser.

Pflege

Die meisten Zucchini wachsen buschig, nicht rankend wie die anderen Kürbisarten, mit Ausnahme spezieller Sorten wie 'Black Forest'. Wachstum und Ertrag werden durch eine kräftige Kompostgabe oder eine stickstoffbetonte organische Düngung (Hornmehl) gefördert, die man etwa zwei bis drei Wochen nach dem Auspflanzen und eventuell noch einmal im Juli/August verabreicht. Im jungen Stadium sollte man die Zucchini unkrautfrei halten. Sie haben einen hohen Wasserbedarf, kommen

Tipp

Wenn du Spaß hast an unterschiedlich geformten und gefärbten Früchten, musst du dich nicht auf die bekannten grünen, zylindrischen Sorten beschränken. Es gibt zum Beispiel auch gelbe, weiße oder gestreifte Zucchinisorten sowie ballförmig rundliche wie die Gruppe der Rondini (z. B. 'Tondo chiaro di Nizza'). Der Übergang zu den Kürbissen ist fließend: Oft werden auch die »Ufo-förmigen« Patissons als Zucchini im Samenhandel geführt.

Früchte nicht zu groß werden lassen und
mit einem scharfen Messer abschneiden.

jedoch auch längere Perioden ohne Regen aus und
gleichen dies durch geringeren Fruchtansatz aus.

Ernte

Die Früchte werden geerntet, wenn sie etwa 20 cm lang
sind. Dann sind sie noch sehr zart und man kann sie
komplett sowohl roh als auch gekocht essen. Wenn
Zucchini länger und größer werden, werden Schale und
Kerne härter, sodass man diese nicht mehr mitessen
kann. Außerdem ist die Erntemenge kaum noch zu
bewältigen, wenn man die Früchte auswachsen lässt.

Zur Ernte schneidet man den Stiel mit einem Messer
durch oder »dreht« die Zucchini ab.

Inhaltsstoffe

Die Zucchini enthält Beta-Carotin, Vitamin C (Ascorbinsäure), Niacin (Nicotinamid), Eisen und sehr viel
Vitamin B_1 (Thiamin). An sekundären Pflanzenstoffen
sind insbesondere Phenolsäuren enthalten.

Verarbeitung

Besonders gut schmecken Zucchini, wenn sie 10–20 cm
lang sind. Essbar sind sie aber auch in allen anderen
Wachstumsstadien. Verwertet wird die ganze Frucht (mit
Schale). Nur den Stielansatz schneidet man ab.

Zucchini muss man immer nur kurz dünsten. Die
Verwertungsmöglichkeiten für das kalorienarme Gemüse
sind vielfältig: In Risottos oder Aufläufen ist es sehr

beliebt oder mit anderen Gemüsen in Ratatouilles.
Darüber hinaus kannst du Zucchinischnitzel panieren
oder Zucchinikuchen backen.

Kleine Früchte können auch roh im Salat verzehrt,
große aufgeschnitten und gefüllt werden.

In manchen Ländern findet sogar die große gelbe
Zucchiniblüte Verwendung. Auch sie lässt sich füllen
oder in Omeletteteig frittieren.

Lagerung und Konservierung

Zucchini lassen sich nur etwa zwei Wochen im Kühlschrank oder kühlen Keller lagern, denn sie sind anfällig
für Fäulnis.

Will man sie länger aufbewahren, macht man sie am
besten mithilfe der Milchsäuregärung ein. Zum Einlegen
in Essig wird dieser zu etwa einem Drittel mit Wasser
sowie mit Gewürzen gemischt, aufgekocht und mit den
Zucchini in Gläser gefüllt. Die Gläser werden dann
abgedeckt. Am nächsten Tag gießt man die Flüssigkeit
ab, kocht sie erneut auf und gießt sie dann kochend heiß
über die Zucchini. Die Gläser müssen anschließend sofort
verschlossen werden.

Zucchini eignen sich auch gut zum Trocknen. Dafür
werden sie in etwa 1 cm dicke Scheiben oder Würfel
geschnitten, nebeneinander auf einen Gitterrost gelegt
und an einem trockenen, luftigen Platz getrocknet.
Später kann man sie dann mit Kräutersalz oder Paprika
bestreuen und essen.

Kürbis

100–150 cm | April–Mai | Aug.–Nov.

Man unterscheidet bei diesem Fruchtgemüse den großen Speise- oder Riesenkürbis (z. B. 'Gelber Zentner'), zu denen auch die beliebten Hokkaidos gehören, die eher buschförmig wachsenden Garten- oder Sommerkürbisse, u. a. Spaghetti-Kürbis, sowie die Moschuskürbisse, von denen der 'Muscat de Provence' der bekannteste ist. Entsprechend dieser Formenvielfalt gibt es zahllose Sorten. Zierkürbisse wiederum sind zwar dekorativ, aber nicht essbar.

Wenn man jeweils zwei Samen legt, muss nach dem Aufgang ausgedünnt werden.

Damit aus Blüten Früchte werden, braucht ein Kürbis viel Wärme und Wasser.

Aussaat und Pflanzung

Da Kürbis sehr frostempfindlich ist, kann er nicht vor den Eisheiligen Mitte Mai und dann nur bis Anfang Juni ausgepflanzt werden. Der Pflanzabstand beträgt etwa 100–150 cm.

Zuvor sät man ihn ab Mitte April (bis Mai) am Fensterbrett bei 20–22 °C aus. Dazu legt man die großen Samen einzeln in Töpfchen von etwa 8 cm Durchmesser, damit man die Pflänzchen nicht gleich nach der Keimung umsetzen muss.

Droht nach dem Auspflanzen doch noch eine Kälteperiode, sollten die Pflanzen mit Vlies oder einer Zeitung schützend abgedeckt werden. Denn selbst wenn keine Frostgrade erreicht werden, kann das Wachstum der empfindlichen Pflänzchen nach der Einwirkung tiefer Temperaturen ins Stocken geraten.

Pflege

Die meisten Kürbisarten haben eine rankende Wuchsform, d. h., sie benötigen bis zu 4 m² Platz, wenn man sie nicht mit einem Gerüst in die Höhe lenkt. Dann genügt 1 m².

Tipp

Gutes Anwachsen im Beet lässt sich unterstützen, indem man den Wurzelballen der Pflanzen zuvor wässert und darauf achtet, dass sie bis zum Einwurzeln (erkennbar am sichtbaren Wachstum der Pflanze) nicht austrocknen.

Diese Kürbissorte ist reif, wenn sich die Schale von Grün nach Orange verfärbt.

Zu einer optimalen Entwicklung brauchen Kürbisse viel Wärme und viel Wasser. Ein vollsonniger, windgeschützter Standort auf humusreichem Untergrund ist ideal. Am Fuß eines Komposthaufens gepflanzt, profitieren die Pflanzen von den freigesetzten Nährstoffen.

Bei den jungen Pflanzen solltest du regelmäßig das Unkraut entfernen, es steht sonst in direkter Konkurrenz hinsichtlich des Wasserangebots.

Wachstum und Ertrag kannst du durch eine kräftige Kompostgabe oder eine stickstoffbetonte organische Düngung (Hornmehl) fördern, die du etwa zwei bis drei Wochen nach dem Auspflanzen und eventuell noch einmal im Juli/August verabreichst.

Ernte

Jede Kürbispflanze kann bei günstigen Wachstumsbedingungen mehrere Früchte ausbilden. Im August lassen sich die ersten kleineren Kürbisse ernten.

Zum Einlagern solltest du die Kürbisse vor den ersten Frösten und unbedingt bei schönem, trockenem Wetter abernten. Sie fangen dann im Lager nicht so leicht an zu faulen.

Inhaltsstoffe

Kürbisse enthalten relativ viel Vitamin A (Retinol) in seiner pflanzlichen Vorstufe Beta-Carotin. Neben den Carotinoiden sind Phenolsäuren sowie Phytosterine in den Früchten enthalten.

Verarbeitung

Aus dem frischen Fruchtfleisch von Kürbissen kannst du eine köstliche Herbstsuppe zubereiten, aber auch Gemüse, Püree oder Kompott. Die meisten Kürbisse lassen sich mitsamt der Schale verwenden. Nur den Stielansatz musst du herausschneiden. Die großen Früchte werden in Schnitze unterteilt, damit man die Kerne herauslösen kann. Als passendes Gewürz eignet sich vor allem Ingwer.

Lagerung und Konservierung

Damit sich ein Kürbis möglichst lange in einem kühlen, aber frostfreien Raum lagern lässt, sollte der Stiel noch ca. 10 cm lang sein und die Kürbisfrucht darf keine äußeren Verletzungen an der Schale aufweisen. Während der ersten Wochen ist es allerdings vorteilhaft, wenn die Früchte noch bei einer Raumtemperatur von mindestens 24 °C aufbewahrt werden. Dann kann sich nämlich ihre Schale verhärten und sie können nachreifen. Anschließend sind Lagertemperaturen von 10–13 °C optimal. Am besten hängst du sie einzeln in Netzen oder Tüchern auf oder legst sie locker nebeneinander, sodass keine Druckstellen entstehen, an denen sich leicht Fäulnis bildet. Bei guten Lagerbedingungen können Hokkaidokürbisse so bis zum Frühjahr, Butternusskürbisse sogar bis zum nächsten Sommer aufbewahrt werden.

Alternativ kann man den Kürbis würfeln, in einem gewürzten Sud kochen und süßsauer einlegen.

40 cm | Feb.– April | Juli– Okt.

Paprika und Chili

Rot, gelb, grün – Paprika kennen viele nur als das »Ampelgemüse« in den Supermarktauslagen. Die Palette an Farben, Formen und nicht zuletzt wunderbaren Aromen ist aber weitaus größer. Fast schon obstartig schmeckende Frucht- sorten gehören genauso dazu wie pikante Peperoni oder die höllisch scharfen Chilischoten.

Auch nach der Anzucht im Freien sollte der Standort warm und geschützt sein.

Ausreichend Wasser ist nicht nur bei der Pflanzung von Paprika wichtig.

Aussaat und Pflanzung

Wenn du die Pflänzchen selbst vorziehen möchtest, brauchst du einen geschützten, warmen und hellen Platz auf der Fensterbank – und viel Geduld. Weil Paprika recht zögerlich keimt, sät man schon Ende Februar oder Anfang März.

Sobald kein Frost mehr droht und sich der Boden erwärmt hat – also gegen Mitte oder Ende Mai –, wird gepflanzt. Den meisten Sorten genügt ein Pflanz- und Reihenab- stand von je 40 cm. Setze die Pflänzchen tief in die Erde, dann können sie an der Basis zusätzliche Wurzeln bilden.

Pflege

In ihren nicht zu unterschätzenden Ansprüchen gleichen sich die vielen verschiedenen Typen und Sorten. Gewächshäuser und Frühbeete sind für die wärmehung- rigen Paprika und Co. ideal, aber keine Bedingung. Die meisten Sorten liefern auch im Freien stattliche Erträge, wenn ihre Grundbedürfnisse gestillt werden: volle Sonne, ausreichend Wasser, möglichst wenig Wind und eine nährstoffreiche, lockere Erde.

Paprikastauden ranken zwar nicht wie Tomaten in die Höhe, sind aber ebenso dankbar, wenn du die Triebe schon frühzeitig an einen Stab bindest. Anfangs ist es der Wind, später sind es die schweren Früchte, vor denen die Pflanzen sonst oft in die Knie gehen.

Neben einer Grundversorgung mit Kompost liebt Paprika gelegentliche Gaben von organischem Dünger wie Hornmehl oder einen regelmäßigen Nachschlag in Form von Flüssignahrung, etwa mit Brennnesseljauche.

Ernte

Der Erntezeitpunkt ist Geschmacksache, zumindest bei den Gemüsesorten: Grüne Paprika ist nur deshalb grün und leicht herb im Geschmack, weil sie ab etwa August unreif geerntet wird. Wer in den mildsüßen Genuss vollreifer und voll ausgefärbter Gemüsepaprika kommen möchte, braucht Geduld und eine günstige Witterung.

Neben der wohltuenden Schärfe enthalten Chilis auch viel Vitamin C.

Wenn Gemüsepaprika voll ausreifen kann, wird sie so rot und süß.

Tipp

Eine schwarze Mulchfolie ist kein Muss, aber pure Wellness für die Wurzeln: Sie hält den Boden schön warm und feucht und beschleunigt dadurch das Wachstum. Aber schon mit einer einfachen Vliesabdeckung, die in den ersten Wochen über das Beet gebreitet wird, kann man seinen Zöglingen Gutes tun. Um zu verhindern, dass die Pflanze vorzeitig damit beginnt, ihre Kraft in die Fruchtbildung zu stecken, knipst man das erste Blütensternchen, die sogenannte Königsblüte, aus. Die Paprika wird dadurch buschiger und kann die neuen Blüten und Früchte, die bald darauf an den Seitentrieben erscheinen, besser ernähren.

Inhaltsstoffe

Mit bis zu 150 mg pro 100 g ist schon der Vitamin-C-Gehalt grüner Paprika dreimal so hoch wie bei Zitronen. In ausgereiften roten Sorten können sogar bis zu 400 mg pro 100 g stecken!

Das Alkaloid Capsaicin, das für die Schärfe der Gewürzsorten verantwortlich ist, fehlt den Gemüsesorten. Dieser Stoff steckt vor allem in den weißlichen Scheidewänden und weniger im roten Fruchtfleisch. In mäßiger Dosierung wirkt sich das Alkaloid ausgesprochen wohltuend auf die Gesundheit aus. Es stimuliert die Magensäfte, kurbelt den Kreislauf an und wirkt antibakteriell.

Verarbeitung

Wenn du die Schoten roh knabberst oder in den Salat mischst, gibt's die volle Ladung Vitamine! Aber auch gedünstet, gebraten, gegrillt oder überbacken bleiben noch genügend gesunde Inhaltsstoffe.

Ihr mal fruchtiges, mal pikantes, mal feuriges Aroma lässt sich bestens kombinieren und hat in den Küchen rund um den Globus einen festen Platz – vom ungarischen Gulasch bis zum Chili con Carne, von mediterranen Antipasti bis zur asiatischen Küche.

Lagerung und Konservierung

Länger noch als im Kühlschrank halten Paprika in einem nicht ganz so kühlen Keller. Zur Konservierung kann man sie einfrieren oder in Essig bzw. Öl einlegen. Die scharfen Chilischoten werden bevorzugt aufgefädelt und getrocknet.

Zuckermais

20 cm   Mai–Juni   Aug.–Okt.

Die aus Mittelamerika stammenden, körnerbildenden Gräser wachsen innerhalb eines Jahres bis zu 2 m hoch und gehören damit zu den imposantesten Gestalten auf dem Gemüsebeet. Auch wenn man ihm das nicht ansieht: Im Unterschied zum landwirtschaftlichen Futtermais sind die Kolben länger haltbar, vor allem aber schmecken sie feiner und süßer!

Nach Aussaat oder Pflanzung sind die Reihen von Unkraut freizuhalten.

Während der Fruchtbildung brauchen die Maispflanzen eine gute Wasserversorgung.

Der Mais ist reif, wenn man die Körner mit dem Fingernagel eindrücken kann.

Aussaat und Pflanzung

Zuckermais sollte im Freien im Mai und Anfang Juni ausgesät werden. Eine frühere Aussaat würde durch Nachtfröste gefährdet. Eine spätere Saat ist nicht zu empfehlen, sie führt zu geringeren Erträgen.

Zur Aussaat werden die Körner einzeln 3–4 cm tief in den Boden gelegt, der Reihenabstand beträgt 60–70 cm. Später werden die aufgegangenen Pflänzchen auf 20 cm ausgedünnt.

Du kannst den Mais aber auch auf der Fensterbank oder im Gewächshaus ab März vorziehen, um einen Entwicklungsvorsprung zu gewinnen. Dazu steckst du zwei bis drei Körner in ein Töpfchen von mindestens 8 cm Durchmesser und lässt beim Auspflanzen im Mai nur das jeweils kräftigste Pflänzchen stehen. Achte aber darauf, den Wurzelballen intakt zu halten, denn Maiswurzeln sind sehr empfindlich! Und setze die Pflänzchen ruhig etwas tiefer in die Erde, dann können sie an der Basis zusätzliche Wurzeln bilden.

Tipp

Wir empfehlen die extrasüßen, samenfesten Sorten 'Damaun' (früh reifend), 'Mezdi' (mittelfrüh reifend) und 'Tramunt' (spät reifend) in biozertifizierter Qualität. Bei zeitlich gut abgestimmter Saat kommen die Sorten rasch aufeinanderfolgend zur Erntereife und bescheren so einen ganzen Spätsommer lang zuckersüßen Maisgenuss.

Mais ist auf Windbestäubung angewiesen, deshalb müssen immer mehrere Pflanzen beieinander stehen.

Pflege

Auch wenn die Pflanzen groß sind und viel Platz verbrauchen: Da Zuckermais auf Windbestäubung angewiesen ist, sollte er nie als Einzelpflanze gesät oder gepflanzt werden – er wird ansonsten keinen Kolbenansatz bilden.

Voraussetzung für ein kräftiges Wachstum ist ein sonniger Platz auf humus- und nährstoffreichem Boden. Dann erscheinen im Juli/August getrennt männliche und weibliche Blüten, nach deren Bestäubung die Kolben gebildet werden. Während dieser Phase benötigt Mais eine gute Wasserversorgung, und auch die zusätzliche Gabe eines organischen Düngers ist kein Fehler.

Besonders auf windoffenen Standorten kann eine Stütze für die hoch aufragenden Pflanzen sinnvoll sein.

Ernte

Jede Pflanze erbringt zwei bis drei der etwa 20 cm langen Kolben mit den meist goldgelben Körnern. Die Ernte sollte erfolgen, wenn sich die heraushängenden Fäden an der Kolbenspitze langsam braun verfärben. Das ist etwa im September oder Oktober der Fall. Dann sollten die Maiskörner vollrund und glänzend sein. Wenn man zu lange wartet (die Fäden werden schwarz und trocken), sinkt der Zuckergehalt in den Körnern wieder und die Körner beginnen einzuschrumpfen. Ernten solltest du am besten zu einer kühlen Tageszeit und die Kolben anschließend möglichst schnell verbrauchen.

Inhaltsstoffe

Zuckermais enthält relativ viel Vitamin B_1 (Thiamin) und Vitamin B_6 (Pyridoxin). An Mineralstoffen liefert er insbesondere Magnesium, Phosphor und Zink. An sekundären Pflanzenstoffen bietet Mais das Carotinoid Zeaxanthin, das ihm die gelbe Farbe verleiht, und Protease-Inhibitoren.

Verarbeitung

Zuckermais ist ein Genuss, den man direkt auf dem Acker knabbern kann. Hüllblätter, Stielansatz, Fäden und vertrocknete Körner sollte man natürlich entfernen. Mais kann aber auch im Ganzen gegrillt, gedünstet oder gekocht werden. Ein etwa 10 Minuten lang gekochter Kolben, etwas gesalzen und mit Butter bestrichen, ist eine ebenso einfache wie leckere Delikatesse! Will man die einzelnen Körner verarbeiten, muss man sie mit einem Messer vom Kolben abschaben.

Lagerung und Konservierung

Lagert man die Kolben über mehrere Tage, muss man starke Geschmackseinbußen hinnehmen, da der Zuckergehalt rasch abnimmt. Deshalb sollte man ihn möglichst frisch verbrauchen. Die Körner des Zuckermais kannst du süßsauer in Essig einlegen. Du kannst sie aber auch einzeln tiefgefrieren. Sie ergeben so einen knackigen Gemüsevorrat für den Winter.

Hülsenfrüchte

Obwohl eigentlich zu den Fruchtgemüsen gehörend, werden Hülsenfrüchte als eigene Gruppe geführt – wegen ihrer leckeren Schoten und der Fähigkeit, in ihren Wurzeln reichlich Stickstoff zu speichern.

Erbsen

6 cm
5–10 cm

April–
Juli

Juni–
Sept.

Erbse ist nicht gleich Erbse – vielmehr unterscheiden wir Zucker-, Mark- und Palerbsen. Im Gegensatz zu den Mark- und Palerbsen verspeist man bei den Zuckererbsen nicht nur die Körner, sondern auch die Hülsen. Wer Erbsen nur noch als industrielle Tiefkühl- oder Konservenkost kennt, für den ist der Genuss der zuckersüßen Körner mit ihrem köstlichen Aroma, frisch von der Pflanze, eine Offenbarung.

Erbsensamen sind so groß, dass sie einzeln in die Erde gelegt werden können.

Außer ein wenig Kompost brauchen die Stickstoffsammler keine Düngung.

Als Rankhilfe für höhere Sorten kannst du einfach Reisig in den Boden stecken.

Aussaat und Pflanzung

Mit der Aussaat der Zuckererbsen kann man etwa ab April beginnen, sobald der Boden eine Temperatur von 8 °C erreicht hat. Die Körner werden mit 6 cm Abstand in eine Tiefe von 3–5 cm gelegt, der Reihenabstand beträgt 30–40 cm. Die späteste Aussaat sollte Anfang Juli erfolgen, denn bei späten Ernteterminen sind die Pflanzen den kühleren und feuchteren Herbstnächten ausgesetzt und somit anfälliger gegenüber Pilzkrankheiten.

Die Zuckererbse ist durch den hohen Zuckergehalt in der Keimphase besonders empfindlich gegen zu viel Nässe. Daher ist eine gute Bodendurchlässigkeit wichtig.

Markerbsen werden wie Zuckererbsen ab April gesät. Die stärkereichen Palerbsen sind etwas robuster. Sie kann man bei günstiger Witterung schon Mitte März in den mit etwas Reifkompost angereicherten Boden säen. Die Körner von beiden Varianten kommen im Abstand von 5–10 cm in die Erde, zwischen den Reihen lässt man 30–40 cm Platz.

Tipp

Damit sich der Boden schneller erwärmt und die Erbsen rasch Fahrt aufnehmen, deckt man das Beet in der Keimphase am besten mit einem wärmenden Vlies ab. Das wehrt zusätzlich Vögel ab, die die Samen gern aus dem Boden picken.

Pflege

Während der Blüte benötigt die Zuckererbse eine ausreichende Wasserzufuhr, sonst bildet sie kleinere Erbsenschoten aus.

Palerbsen sollte man zeitig pflücken, so-
bald die Körner deutlich ausgeprägt sind.

Zuckererbsen sind am zartesten, bevor sich
die Körner ausbilden.

Sorten, die über 50 cm hoch werden, sind dankbar für eine Rankhilfe. Das kann z. B. ein gespannter Maschendraht sein, ein Holzgitter oder einfach nur tief genug in den Boden gestecktes Reisig.

Da Erbsen wie alle Hülsenfrüchtler Stickstoff aus der Luft in Wurzeln und Boden fixieren können, brauchen sie in der Regel keine gesonderten Düngemaßnahmen.

Ernte

Die Zuckererbse wird bevorzugt in einem ganz frühen Stadium geerntet. Wenn die Schoten noch ganz flach sind und die Erbsenkörner sich gerade erst gebildet haben, schmecken die Zuckererbsen am zartesten und besten!

Zwei bis drei Monate nach der Aussaat geht es auch bei Pal- und Markerbsen los mit der Ernte. Wer Palerbsen frisch verzehren möchte, sollte sie frühzeitig pflücken, sobald die Körner in der Schote deutlich ausgeprägt sind. Voll ausgereift werden sie mehlig. Markerbsen bleiben länger zart und entsprechend größer ist das Zeitfenster für die Ernte.

Inhaltsstoffe

Zuckererbsen gehören wie alle Hülsenfrüchte zu den proteinreichen Gemüsen. Sie enthalten relativ viel Vitamin C (Ascorbinsäure) und Beta-Carotin, außerdem Vitamin B_1 (Thiamin) und Niacin, Vitamin B_2 (Riboflavin) und Vitamin B_6 (Pyridoxin). An Mineralstoffen sind in bedeutenden Mengen Phosphor, Magnesium und Eisen zu nennen.

Je länger man Pal- und Markerbsen ausreifen lässt, umso mehr hochwertiges Eiweiß und Kohlenhydrate reichern sie an. Aber auch mit Vitaminen (v. a. B-Vitamine) und Mineralien (Kalzium, Magnesium, Eisen, Zink) können diese Erbsen punkten.

Verarbeitung

Zuckererbsen werden vor der eigentlichen Reife verwendet, wenn die Erbsen noch ganz klein und fein sind. Man verwendet die gesamte Schote und isst sie entweder direkt roh – sehr beliebt bei Kindern – oder serviert sie leicht gedünstet mit Butter. Stielansatz und Spitze schneidet man zuvor ab, bei großen Schoten muss man außerdem oft die Fäden abziehen.

Markerbsen kann man zu einer feinen Gemüsebeilage garen (10–15 Minuten Garzeit). Gibt man eine Prise Zucker ins Kochwasser bleiben sie glänzend grün. Die stärkereichen Palerbsen werden hauptsächlich für Suppen oder Eintöpfe verwendet.

Lagerung und Konservierung

Zuckererbsen solltest du höchstens ein bis zwei Tage aufbewahren. Die Kochzeit verlängert sich 6–8 Stunden nach der Ernte bereits um 5–10 Minuten.

Werden Markerbsen nicht gleich zubereitet, sollte man sie ins Tiefkühlfach geben, denn sie verlieren rasch ihr Aroma und bleiben im Kühlschrank höchstens zwei Tage frisch. Palerbsen können trocken aufbewahrt werden.

6–8 cm   Mai–Juli   Juni–Okt.

Bohnen

Im Gegensatz zu Buschbohnen, die unauffällig auf dem Acker und im Garten wachsen, überragen Stangenbohnen meist die übrigen Kulturen. Für diese Wuchsform ist der Bau eines Gerüsts erforderlich, Stangenbohnen bringen dann aber auf derselben Fläche eine besonders reiche Ernte.

Erst werden die Stangen gesetzt, dann die Bohnen in Horsten gesät oder gepflanzt.

Aussaat und Pflanzung

Buschbohnen sind sehr frostempfindlich und können deswegen nur zwischen Anfang Mai und Mitte Juli ausgesät werden. Man legt die Bohnen ca. 2 cm tief mit einem Abstand von 6–8 cm in der Reihe. Der Reihenabstand beträgt 40 cm. Ihre Entwicklungszeit dauert sechs bis sieben Wochen, d. h., bei einer Saat Anfang Mai kann bereits Ende Juni mit der Ernte der Buschbohnen begonnen werden.

Stangenbohnen sind noch etwas frostempfindlicher und wünschen einen ausreichend warmen und tiefgründigen Boden. Du bist auf der sicheren Seite, wenn du mit der Aussaat ins Beet bis nach den Eisheiligen Mitte Mai wartest. Folgesätze sind bis Ende Juni möglich.

Um jede Stange werden kleine Horste von sechs bis acht Bohnensamen gelegt. Sobald die Bohnen etwa 20 cm hoch sind, kann man sie anhäufeln, damit sie standfester werden. Spätestens zur Blütezeit sollte man dafür sorgen, dass der Boden gleichmäßig feucht bleibt.

Tipp

Die für Stangenbohnen nötige Rankhilfe setzt man vor der Aussaat. Bewährt hat sich das Modell »Wigwam«, bei dem man drei oder mehr Stangen schräg in den Boden steckt und in einer Höhe von 1,8–2 m zusammenbindet. Aber auch in Reihen aufgestellte Stangen oder auch nur einzelne senkrechte Stangen sind möglich. Wichtig ist, dass das Gerüst windsicher steht.

Bohnen prägen das Bild des Ackers und bringen reiche Ernte.

Bohnen sollten zeitig geerntet und mehrmals durchgepflückt werden.

Pflege

Viele Nährstoffe brauchen Bohnen nicht, weil ihre Wurzeln in Symbiose mit Bakterien Stickstoff aus der Bodenluft binden können. Etwas Kompost und geringe Gaben Horndünger genügen in der Regel.

Ernte

Die Ernte erstreckt sich über einen Zeitraum von fünf bis acht Tagen. In dieser Zeit sollte man die Bohnen dreimal durchpflücken, d. h. jeweils die größten Exemplare abernten. Den idealen Erntezeitpunkt kann man durch das Brechen einer Bohne feststellen: Die Bohnenhülse sollte glatt brechen, die Bruchstelle sollte grün und saftig und die Samen sollten nicht länger als 0,8–1 cm sein.

Bohnen darf man nur ganz vorsichtig abpflücken und niemals abreißen. Wenn man die Hülsen zu lange hängen lässt, bilden sie Fäden aus und werden trocken und zäh.

Je nach Sorte und Witterung reifen drei bis vier Monate nach der Aussaat auch die ersten Stangenbohnen. Auch sie solltest du zwei- bis dreimal die Woche durchpflücken.

Inhaltsstoffe

Von den enthaltenen Vitaminen ist bei Buschbohnen vor allem Vitamin B_6 (Pyridoxin) erwähnenswert. An sekundären Pflanzenstoffen enthalten sie Phenolsäuren, Carotinoide und Saponine.

Stangenbohnen bieten neben Vitaminen und Mineralstoffen viel wertvolles pflanzliches Eiweiß. Die Hülsen liefern zudem verdauungsfördernde Ballaststoffe.

Verarbeitung

Vor der Verarbeitung schneidet man den Stielansatz und die Spitze ab und zieht eventuell Fäden ab. Dann wäscht man die Bohnen.

Vorsicht: Rohe Bohnen sind giftig! Busch- wie Stangenbohnen müssen vor dem Verzehr mindestens 10 Minuten lang gekocht werden, damit sich das Phasin, ein giftiger Eiweißstoff, abbaut. Danach landen sie im Salat, im Eintopf, in der Suppe oder – einfach nur in Butter geschwenkt und gesalzen – als kräftige Beilage auf dem Teller.

Das typische Gewürz für die Zubereitung von Bohnen ist Bohnenkraut, in Eintöpfen kann man auch Liebstöckel dazugeben.

Lagerung und Konservierung

Im Kühlschrank bleiben die geernteten Bohnen nur etwa zwei bis vier Tage knackig. Man kann sie aber gut einfrieren. Wenn man die Bohnen voll am Strauch ausreifen lässt, lassen sich die Samenkerne auch sehr lange als Trockenbohnen aufbewahren.

Einkochen ist eine sehr verbreitete Konservierungsmethode. Zum Erhalten der wertvollen Inhaltsstoffe eignet sich vor allem die Milchsäuregärung. Zum Konservieren in Essig wird dieser etwa zur Hälfte mit Wasser sowie mit Gewürzen gemischt und aufgekocht. Anschließend füllst du den Sud mit den gekochten Bohnen in Gläser und deckst sie ab. Am nächsten Tag gießt du die Flüssigkeit ab, kochst sie erneut auf, gießt sie kochend heiß über die Bohnen und verschließt die Gläser sofort.

In passender Gemeinschaft gedeihen die meisten Pflanzen am üppigsten.

Mischkultur & Fruchtfolge

Die Möglichkeiten, bei der Kultur von Obst und Gemüse günstige Voraussetzungen für reiche Ernten zu schaffen, beschränken sich nicht nur auf Jäten, Gießen und Düngen. Auch durch geschickte Kombination der verschiedenen Arten, sowohl räumlich als auch zeitlich, lässt sich der Anbauerfolg fördern.

Mischkultur: Gemeinschaft auf dem Beet

Es leuchtet auf den ersten Blick ein, dass sich Gemüsearten mit ähnlichen Ansprüchen grundsätzlich gut vertragen sollten. Im Speziellen aber basiert die Mischkultur darauf, dass sich manche Pflanzenarten aufgrund ihrer Stoffwechselprodukte anziehend finden – oder auch nicht. Beispiele: Sellerie gedeiht in Nachbarschaft von Blumenkohl besser als unter seinesgleichen, während sich Bohnen und Zwiebeln nicht riechen können.

Außerdem weiß man, dass der Boden von benachbarten Pflanzenarten mit unterschiedlichen Wurzelformen, aber ähnlichen Ansprüchen optimal aufgeschlossen wird. Auch oberirdisch können unterschiedliches Wachstum

und Laub dafür sorgen, dass das verfügbare Licht optimal genutzt wird. Unter anderem wird in einer perfekten Gemeinschaft der Boden so beschattet, dass Feuchtigkeit und Krümelstruktur besser erhalten bleiben und Unkräuter schlechtere Wachstumsbedingungen vorfinden.

Weiterer wichtiger Effekt: In einem gemischten Bestand tun sich Schädlinge immer schwerer, die Pflanzen zu finden, auf die sie sich spezialisiert haben. Manche Pflanzen können mit ihren Ausdünstungen sogar gezielt die Schaderreger des Partners vertreiben: z. B. Knoblauch Pilzkrankheiten der Erdbeeren, Tomaten die Kohlweißlinge oder Lauch und Möhren gegenseitig die Gemüsefliegen. Sogar Kräuter und Blumen (z. B. Tagetes und Ringelblumen) lassen sich auf solch nutzbringende Weise im Gemüsebeet integrieren.

Fruchtfolge: Der richtige Ort zur rechten Zeit

Während die Mischkultur die zeitgleiche Kombination der verschiedenen Arten auf dem Beet bestimmt, beschäftigt sich die Fruchtfolge mit den Regeln für die

Auch Blumen haben neben Gemüse ihren Platz in der sorgfältig geplanten Mischkultur und in der Fruchtfolge.

zeitliche Abfolge. Denn einerseits wollen wir ja unsere begrenzte Anbaufläche möglichst optimal ausnutzen, indem wir sie nicht lange leer stehen lassen. Andererseits nehmen die Hinterlassenschaften einer Kultur im Boden Einfluss auf das Gedeihen der nachfolgenden.

Innerhalb eines Anbaujahrs unterscheidet man deshalb in Vor-, Haupt- und Nachkulturen. Während die Hauptkulturen (z. B. Kopfkohl, Tomaten, Gurken) das Beet den ganzen Sommer über in Anspruch nehmen, können die raschwüchsigen und teilweise kälteverträglichen Vor- und Nachkulturen im zeitigen Frühjahr (z. B. Radieschen, Salat, Kohlrabi) oder bis weit in den Herbst hinein (z. B. Feldsalat, Spinat) angebaut werden.

Am leichtesten nachvollziehen lässt sich der Einfluss der vorangegangenen Kulturen anhand der im Boden

Kapuzinerkresse kann die Läuse von den benachbarten Bohnen ablenken.

vorhandenen Nährstoffe. Für die sogenannten Starkzehrer sollte man ein frisch und kräftig gedüngtes Beet aufbereiten. Zu ihnen gehören die großen Fruchtgemüse ebenso wie die großen Kohlarten. Im Jahr danach genügt für die Mittelzehrer (z. B. Salate, Rote Bete) eine gemäßigte Zusatzdüngung, damit sie angemessene Ernten bringen, während die Schwachzehrer wie Erbsen und Bohnen im 3. Jahr im Grunde ohne eine extra Düngung zurechtkommen. Wer viel Platz hat, plant dann im 4. Jahr eine Gründüngung ein, die den Boden wieder saniert und mit organischem Material versorgt. Doch eine derartige 3- oder 4-Jahres-Planung ist schon etwas für Fortgeschrittene, die den Anbauerfolg optimieren wollen.

Dagegen ist es durchaus auch für den Anfänger sinnvoll und umsetzbar, dass er darauf achtet, die Standorte verwandter Gemüsearten zu variieren. Denn im Boden sammeln sich Stoffwechselprodukte ebenso wie Krankheitskeime an, die im nächsten Jahr Mitgliedern derselben Pflanzenart oder auch Arten aus der gleichen Familie das Leben schwer machen. Alle Kreuzblütler (Kohlarten, Rettich und Radieschen), Korbblütler (Salate) und Doldenblütler (Möhren, Sellerie und Fenchel), Zwiebelgewächse (u. a. Lauch), Gänsefußgewächse (Rote Bete, Mangold, Spinat) und Kürbisgewächse (Gurken, Zucchini) sowie Leguminosen (Bohnen, Erbsen) sollten daher nicht am selben Platz stehen wie die Verwandtschaft im Vorjahr. Ausnahmen sind Stangenbohnen und Tomaten: Sie sind gern standorttreu.

Kräuter

Ohne die würzigen, meist auch heilkräftigen Kräuter würde
in der Küche etwas fehlen. Aber auch auf dem Acker und im
Garten sind sie oft eine wertvolle Bereicherung für Boden und
Nachbarpflanzen.

Kurzlebige Kräuter

März–Juli

Mai–Dez.

Das beste Argument für den eigenen Kräuteranbau ist die Möglichkeit, sie für den Verbrauch frisch aus dem Garten holen zu können, um sie klein geschnitten über Salate zu streuen, in Soßen zu mischen oder einen Tee daraus zuzubereiten. So kommt man am besten in den Genuss des vollen Aromas und der gesundheitsfördernden Wirkstoffe.

Petersilie braucht ausreichend Feuchtigkeit und Wärme zum Keimen.

Schnittlauchblüten sind hübsch, aber nicht zum Verzehr geeignet.

Petersilie

Petersilie kannst du ab März direkt ins Freiland mit einem Reihenabstand von etwa 30 cm aussäen. Ab Mai können dann laufend Blätter für den Frischverbrauch geerntet werden.

Wie viele Doldenblütler hat Petersilie eine lange Keimzeit von 21 Tagen und ist in dieser Zeit empfindlich. Deshalb hat sich eine Vorkultur in Schälchen oder Töpfen bewährt. Wer immer wieder Schwierigkeiten mit der Aussaat im Frühjahr hat, sollte es einmal im Sommer probieren. Bei entsprechenden Temperaturen sind die Bedingungen zum Keimen dann optimal. Allerdings darf man nicht vergessen, die Saat feucht zu halten.

Während die krausblättrige Sorte (Mooskrause) aus optischen Gründen bevorzugt wird – sie eignet sich hervorragend zum Garnieren –, zeichnen sich die glattblättrigen durch ihr kräftigeres Aroma aus.

Die Verwendungsmöglichkeiten für Salate, Suppen, Soßen, Kartoffeln und andere Gemüse sowie Fleisch aller Art sind nahezu unbegrenzt.

Schnittlauch

Schnittlauch kannst du im März/April direkt aussäen, in Reihen mit einem Abstand von 30 cm. Im Frühjahr oder Herbst ist auch die Teilung älterer Stöcke möglich, die man dann mit 25 cm Pflanz- und Reihenabstand wieder einpflanzt.

Ab April kann man laufend für den Frischverbrauch ernten. Ein Rückschnitt vor der Blüte erleichtert die weitere Ernte, denn die harten Blütenstiele sind nicht zum Verzehr geeignet.

Schnittlauch sollte man roh und möglichst frisch verwenden. Sein milder Zwiebelgeschmack eignet sich gut für Brotaufstriche, für Salate, Suppen und Soßen, zu Kartoffeln und vielem mehr.

Die zarten Dilltriebe lassen sich laufend nach Bedarf ernten.

Das empfindliche Basilikum wird am besten auf der Fensterbank kultiviert.

Tipp

Die Petersilie gehört zu den wenigen Kräutern, die man im Backofen trocknen darf, bei geöffneter Tür und Temperaturen nicht über 40–50 °C. Neben dem Trocknen sind Einfrieren oder Einsalzen gängige Methoden, Petersilienwürze haltbar zu machen.
Wer auch im Winter Schnittlauch ernten will, gräbt die Wurzelballen zwischen Oktober und Dezember aus, lässt sie austrocknen und einmal durchfrieren. Danach treiben sie wieder aus, wenn man die Pflanzen in Gefäße setzt und auf der Fensterbank oder im Gewächshaus bei etwa 20 °C antreibt.

Dill

Dill wird von April bis Juli flach ins Beet gesät. Vorkultivierte Pflänzchen lassen sich nur mit Wurzelballen erfolgreich verpflanzen, gern ins Gemüsebeet in Mischkultur mit Möhren oder Gurken.

Das zart gefiederte Laub kann man laufend für Salate schneiden, auch die Samen lassen sich nutzen. Die Blätter werden nicht mitgekocht, sondern kurz vor dem Servieren beigegeben. Mit ihrem aromatisch erfrischenden, leicht bitteren Geschmack ergänzen sie Salate und Gemüse aller Art, helle Soßen sowie Fleisch- und Fischgerichte.

Basilikum

Die Pflanzen werden ab Ende März warm vorgezogen und nach Ende der Frostgefahr ausgepflanzt. Sie sind allerdings bei der Keimung wie auch bei der weiteren Kultur ebenso anspruchsvoll wie empfindlich, sodass es besser ist, vorgezogene Pflanzen beim Biogärtner zu besorgen und auf der Fensterbank oder an einem anderen geschützten Standort weiterzupflegen. Dabei ist vor allem auf eine regelmäßige Wasserversorgung zu achten.

Durch das Abernten der Triebspitzen (vor der Blüte!) werden die Pflanzen zum Verzweigen angeregt. Mit seinem leicht pfeffrigen Aroma ist Basilikum das ideale Leitgewürz bei mediterranen Salaten und Soßen sowie bei Fleischgerichten mit Wein und Knoblauch.

Lagerung und Konservierung

Um dir einen Vorrat verschiedener Kräuter für das Winterhalbjahr anzulegen, kannst du die Blätter luftig und schattig trocknen, um sie anschließend in einem geschlossenen Behälter aufzubewahren. In etlichen Fällen aber ist das Einfrieren die schonendere Methode, zum Beispiel bei Petersilie, Schnittlauch und Dill.

März–
Juli

Juni–
Sep.

Mehrjährige Kräuter

Ein beträchtlicher Teil unserer gängigen Kräuter ist mehrjährig und – obwohl oft vom Mittelmeer stammend – bei uns mehr oder weniger winterhart. Wenn man diese Halbsträucher und Stauden richtig pflegt, wachsen sie mit den Jahren zu stattlichen Exemplaren heran und liefern reichlich aromatische Blätter.

Salbei zurückhaltend verwenden – ob als Gewürz oder als Tee.

Der kleinblättrige Thymian mag trocken-warme Standorte – auch im Topf.

Die Mediterranen: Salbei, Thymian, Rosmarin und Oregano

Die drei Aromaträger Salbei, Thymian und Oregano kann man ab März geschützt unter Glas aussäen sowie durch Stecklinge vermehren. Aber in den meisten Fällen wird man, wie beim Rosmarin, eine Jungpflanze beim Biogärtner kaufen.

Salbei

Salbei würzt, vorsichtig eingesetzt, Fleisch, Fisch und Geflügel sowie kräftige Gemüsegerichte. Der Tee daraus hat sich bei Husten und Halsentzündungen bewährt.

Es gibt neben dem klassischen Gewürzsalbei dekorative Sorten mit besonders breiten, gezähnten, purpurvioletten oder mehrfarbig panaschierten Blättern. Als besonders aromatisch gilt der Dalmatinische Salbei 'Major'.

Thymian

Vom Thymian gibt es ebenfalls mehrere Arten und Sorten, die sich auch in Zierbeeten gut sehen lassen können, mit unterschiedlichen Färbungen und Wuchs-formen. Für den Küchengebrauch besonders interessant sind Varianten in verschiedenen Aromarichtungen, wie Zitrone, Orange, Kümmel, Ingwer, Pinie oder Kokos.

Oregano wächst ziemlich anspruchslos im Gemüse- wie im Kräuterbeet.

Rosmarin bildet Sträucher und ist bei uns in der Regel nicht winterhart.

Oft ist ein Platz im Steingarten optimal für seine Entwicklung. Zur Haupternte zwischen Juni und August kann man die unverholzten Triebe bis auf eine Handbreite über dem Boden zurückschneiden, ebenso beim Oregano.

Oregano
Während Salbei und Thymian am liebsten einen mageren, trocken-warmen Standort mögen, bevorzugt Oregano mit seinen flachen Wurzelausläufern einen nährstoffreicheren Gartenboden. Das Gewürz, geschmacklich zwischen Majoran und Thymian anzusiedeln, ist typisch für die italienische Küche (Pizza, Tomatensoße) und ergänzt in idealer Weise fette Fleisch- und Gemüsegerichte. Majoran ist zwar nah verwandt mit Oregano, aber nur einjährig und wesentlich aufwendiger anzubauen.

Rosmarin
Rosmarin ist bei uns nicht winterhart. Deshalb besorgt man sich am besten eine junge Pflanze und setzt sie in

ein ausreichend großes Gefäß, sodass man sie problemlos von ihrem sonnigen Sommerstandort zur Überwinterung in einen kühlen, hellen und luftigen Kellerraum transportieren kann.

Bohnenkraut begleitet gerne Bohnen – im Beet wie auf dem Teller.

Liebstöckel bildet eine große Staude, von der man nach Bedarf ernten kann.

Zitronenmelisse sollte man möglichst vor der Blüte zurückschneiden.

Tipp

Zur selben Familie wie die mediterranen Kräuter gehört das Bohnenkraut. Es gibt das Einjährige oder Sommer-Bohnenkraut, das jährlich neu angezogen werden muss. Will man sich dies sparen empfiehlt sich das Berg- oder Winter-Bohnenkraut, auch wegen des intensiveren Aromas. Dieser mehrjährige Halbstrauch zieht statt des Kräuterbeets das Gemüsebeet in der Nachbarschaft von Bohnen vor, mit denen das Gewürz dank seines thymianähnlichen, pfefferartigen Geschmacks auch im Kochtopf bestens harmoniert.

Ein Klassiker: Liebstöckel

Liebstöckel, auch Maggikraut genannt, kann ab Mai im Garten ausgesät werden. Leichter jedoch erhält man durch Teilung der Staude im April oder September/Oktober neue Pflanzen. Das Kraut kann man laufend

ernten, möglichst vor der Blüte. Lediglich im ersten Standjahr sollte man den Stock schonen. Die jungen, zarten Blätter werden gern in kleinen Mengen in Suppen und Soßen sowie in Eintopf- und Fleischgerichten mitgekocht.

Erfrischend: Zitronenmelisse und Pfefferminze

Die beiden erfrischenden Lippenblütler lassen sich einfach durch Stecklinge vermehren. Noch leichter allerdings ist die Teilung der Stauden im Frühjahr oder Herbst. Die Pfefferminze kann man auch über Wurzelausläufer vermehren, die man etwa 10–15 cm tief in die Erde legt. Allerdings neigt Pfefferminze zum Wuchern, wenn der Boden ausreichend frisch-feucht ist.

Zur Haupternte, am besten an einem bedeckten Tag, kann man die Triebe kurz vor der Blütezeit (Juni/Juli) und eventuell nochmals im September bis auf eine Handbreit zurückschneiden.

Zur Aufbewahrung bleiben die Aromen besser erhalten, wenn man die Blätter einfriert, anstatt sie zu trocknen. Beide Kräuter lassen sich verwenden, um Salaten eine erfrischende Note zu geben oder um Tees und andere Getränke zu aromatisieren.

Wie viele Pflanzen braucht man?

Von all den genannten ausgewachsenen Halbsträuchern oder Staudenhorsten ist eine Pflanze pro Haushalt in der Regel völlig ausreichend. Nach einem kräftigen Austrieb

Große Vielfalt auf kleinem Raum – oft benötigt man nur eine Pflanze pro Art.

Weil Pfefferminze gerne wuchert, baut man
sie besser in Töpfen an.

Lavendel und andere Kräuter hüllen diesen
Pfad in mediterranes Flair.

im Frühjahr kannst du eigentlich ständig einzelne
Blätter oder auch Triebspitzen nach Bedarf für den
Frischverzehr ernten.

Kräuter trocknen

Bei der Trocknung ist es wichtig, dass die aromatischen
Kräuter nicht der direkten Sonnenbestrahlung ausgesetzt sind, damit die Nährstoffe zum großen Teil erhalten
bleiben. Wenn du ganze Triebe abgeschnitten hast,
kannst du sie auch zu Sträußen zusammenbinden und
kopfüber an einem geschützten Plätzchen aufhängen.

Ein kleines Hochbeet kann die ideale
Anbaufläche für Kräuter sein.

Wer Rhabarber früh antreiben will, kann ihn im Gefäß ins Gewächshaus holen.

Jeweils bis Ende Juni lassen sich die saftigen, süßsauren Rhabarberstängel ernten.

Topinamburpflanzen werden bis zu 3 m hoch, blühen gelb und vertragen eine Stütze.

Mehrjährige Gemüsearten

Die überwältigende Mehrheit der Gemüsearten wird einjährig kultiviert und lässt sich dadurch im System der Fruchtfolge (siehe S. 112) ganz einfach durch die Beetflächen rotieren. Aber es gibt auch Ausnahmen, die über mehrere Jahre hinweg denselben Standplatz einnehmen.

Überblick

Zu den mehrjährigen Bewohnern auf dem Gemüseacker oder im Gartenbeet gehören Rhabarber und Topinambur, aber auch seltene und aufwendigere Kulturen wie Spargel, Artischocken, Meerrettich und Meerkohl. Selbst der schnellwüchsige Rucola hat eine mehrjährige Schwester, die sich oft selbst erhält, aber nicht mit einem so kräftigen Aroma aufwarten kann.

Durch ihre Standorttreue ist es einfacher, die individuellen Ansprüche der mehrjährigen Gemüsearten an Standort und Pflege zu berücksichtigen. Dazu platziert man sie am besten in eigene Beete oder auch an den Rand des Nutzgartens, wo meistens auch die Beerensträucher stehen.

Rhabarber

Weil Rhabarber eine große und langlebige Staude ist, sollte man sich gut überlegen, wohin man ihn pflanzt.

Pflanzung

Im Frühjahr bieten die Gärtnereien Jungpflanzen in Töpfen an. Wenn schon alte Stöcke in deinem Garten wachsen, kannst du im Spätherbst deren Wurzelstöcke teilen, möglichst in Stücke mit je drei bis vier Austriebsknospen, und sie mit etwa 1 m Abstand neu einpflanzen. Rhabarber bevorzugt frischen, humus- und nährstoffreichen Boden. Die Staude mit den großen Blättern gedeiht dann an einer sonnigen bis halbschattigen Stelle etwa sechs bis acht Jahre lang, anschließend sollte man sie wieder erneuern.

Pflege

Die großen Blütenstände sind zwar durchaus eindrucksvoll, doch im Hinblick auf den Ertrag sollte man sie ausbrechen, sobald man sie entdeckt. Nach der Ernte vertragen die Pflanzen eine kräftige Gabe Kompost oder organischen Dünger, damit sie wieder reich austreiben.

Ernte

Verwendet werden die fleischigen, süßsauren und saftigen Blattstängel. Die Sorten mit grünen Stängeln bringen etwas größere Ernten und schmecken milder als die mit den appetitlich roten Stängeln.

Zum Ernten drehst du die Stiele sorgfältig heraus, ohne die anderen Austriebe zu beschädigen. Je früher du erntest, desto zarter sind die Stiele im Geschmack. Die Erntezeit endet mit Sommerbeginn (Ende Juni). Denn einerseits braucht der Rhabarber die Zeit danach, um sich wieder zu regenerieren. Und andererseits steigt danach der Gehalt an Oxalsäure, die Stiele werden saurer und sind schlechter verträglich.

Verarbeitung

Man befreit die Stängel zuerst von den Blättern. Manchmal werden sie auch geschält, bevor man sie in Stücke schneidet und zu erfrischendem Kompott verkocht. Vorzüglich mundet Rhabarber auch auf dem Kuchen, als Saft oder Konfitüre.

Topinambur

Die Pflanze gehört zu selben Gattung wie die Sonnenblumen (*Helianthus*) und das sieht man ihr auch an: Sie wird bis zu 3 m hoch und zeigt von August bis November bis zu 10 cm große, kräftig gelbe Korbblüten. Im Boden verbreitet sich Topinambur durch Ausläufer, die sich im Lauf des Sommers zu nahrhaften Knollen verdicken. Ihnen verdankt die Pflanze auch den Namen Erdartischocke. Verschiedene Sorten unterscheiden sich im Erntetermin sowie in der Knollengröße und -farbe.

Pflanzung

Im März/April oder auch schon im Oktober/November legst du Knollen mit mindestens zwei Augen etwa 10 cm tief in gut gelockerten Boden. Dabei haben sich ein Reihenabstand von 90 cm und ein Pflanzabstand von 25 cm bewährt. Um die Pflanzen vor Wühlmäusen zu schützen, umhüllt mancher Ackerheld die Knollen mit einem Drahtgeflecht.

Ernte

Sie beginnt im Oktober, sobald das Kraut abstirbt. Am besten schmecken die Knollen, wenn sie etwas Frost abbekommen haben. Aufgrund ihrer Frosthärte belässt man sie deshalb auch über Winter solange im Boden, bis sie verbraucht werden.

Verarbeitung

Die zarte Haut lässt sich nur mit Mühe schälen – aber das ist eigentlich auch gar nicht nötig, denn in ihr befinden sich wertvolle Nährstoffe. Es genügt, wenn du die Knollen mit Wasser abbürstest.

Topinambur kann man roh oder gedünstet, gebacken oder auch gebraten zubereiten. Für die Zubereitung als Rohkostsalat sollten die Knollen geraspelt und möglichst rasch mit Zitronensaft oder Essig überträufelt werden, damit das Fleisch nicht braun und unansehnlich wird.

Lagerung

Kleinere Mengen lassen sich für einige Tage – in ein feuchtes Tuch gewickelt – im Kühlschrank frisch halten. Ansonsten muss man nur nach Bedarf ernten.

Die süßlich schmeckenden Knollen können bis zum Verbrauch im Boden bleiben.

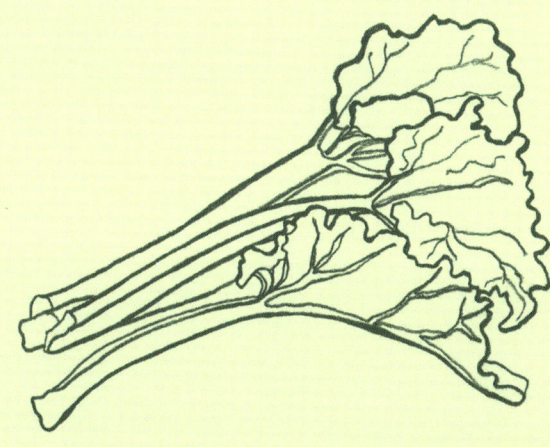

Nützlinge schützen Pflanzen

Ganz ohne Schädlinge geht es nicht

Indem man eine möglichst große Vielfalt an Lebensformen im Garten ansiedelt, bietet man Gegenspielern von Schaderregern, den sogenannten Nützlingen, eine Lebensgrundlage. Viele dieser Nützlinge sind Insekten und Spinnentiere, die Schädlinge verzehren. Damit jeweils eine gewisse Population an Nützlingen für den Notfall bereitstehen kann, müssen jedoch einige Schädlinge anwesend sein. Wer ein Gleichgewicht anstrebt, das sich selbst erhalten kann, sollte daher ein paar Raupen oder Flecken auf den Blättern in Kauf nehmen.

Wertvolle Unkräuter

Die sogenannten Unkräuter, die gegen unseren Willen den Acker oder Garten besiedeln, sind nicht nur ein Ärgernis, sondern auch eine wichtige Futterquelle. Die Brennnessel beispielsweise ist eine unerlässliche Nahrung für die Raupen vieler Schmetterlinge. Deswegen solltest du ihnen zumindest in einer Ecke des Gartens, wo sie nicht unsere Kulturpflanzen bedrängen, Zuflucht gewähren.

Grundlage: eine vielfältige Gartengestaltung

Je vielfältiger die Lebensräume im Garten sind, desto größer ist auch die Artenvielfalt. Und je größer die Artenvielfalt, desto stabiler das Gleichgewicht. Es können sich viele nützliche Arten ansiedeln und Schädlinge in Schach halten. Im Gartenteich vermehren sich Frösche und Kröten, zu deren Nahrung Insekten, Schnecken und Würmer gehören. In einer Trockenmauer leben ebenfalls Kröten sowie Blindschleichen und Eidechsen, die sich alle von Kleintieren ernähren. Wer genug Platz hat, sollte eine Blumenwiese anlegen. Sie ist eine wahre Brutstätte für Käfer, Raubwanzen, Wespen und Spinnen. Übrigens: Im biologisch bewirtschafteten Garten versteht es sich von selbst, dass man auf Pflanzenschutzmittel verzichtet, denn sie beeinträchtigen die nützlichen Organismen meist in noch größerem Maße als die Schädlinge. Selbst scheinbar harmlose Präparate wie *Bacillus thuringiensis* oder das pflanzliche Pyrethrum können nützliche wie schädliche Insekten töten.

Sogar Abfälle leben

Auch pflanzliche Abfälle haben eine wichtige Funktion. Ein lose aufgeschichteter Reisighaufen aus Schnittabfällen beispielsweise bietet Igel und Blindschleiche Unterschlupf sowie Nistmöglichkeiten für zahlreiche Insekten. Die Fruchtstände vieler Pflanzen sollte man über Winter stehen lassen, weil sie ein natürliches Nahrungsreservoir bilden. Und sogar in den Stängeln vieler Pflanzen überwintern zahlreiche Insekten.

Angebote für Nützlinge

Natürlich kannst du für einzelne Tierarten gezielt Futterplätze oder gar Nistkästen anbieten.

Überdies kann man heute viele Nützlingsarten als »Hobbypackungen« in kleinen Einheiten übers Internet bestellen. Sie lassen sich im Gewächshaus, aber auch im Freiland gezielt aussetzen. Man muss kein Profi sein, um damit gute Ergebnisse zu erzielen, wenn man sich an die Anweisungen der Anbieter hält, wie man die kleinen Helfer am besten einsetzt. Auch im Internet findet man Rat und viele Informationen.

Vögel brauchen Gehölze

Gehölze bieten Vögeln und anderen Kleintieren ein Zuhause. Ihre Blätter, Blüten und Früchte tragen zur Ernährung dieser Untermieter bei. Viele unserer Singvögel helfen in großem Umfang, die Insektenpopulation zu dezimieren. Allerdings sind unbedingt heimische Gehölze zu bevorzugen, auf die sich – im Gegensatz zu den exotischen Ziersträuchern – viele Wildtiere spezialisiert haben. Auch abgestorbene Bäume können wertvoll sein, weil ihre Stämme häufig als Nisthöhlen dienen.

Obst

25 cm Juli–Aug. Mai–Juli

Erdbeeren

Botanisch gesehen sind Erdbeeren Stauden, doch sie gehören zur selben Familie wie Apfelbäume oder Birnen. Das ist spätestens dann klar, wenn man die saftig-süßen, knallroten Früchte in den Mund schiebt. So schmeckt nur Obst – das Aroma von Erdbeeren ist einfach unvergleichlich!

Schon im Frühsommer liefern Erdbeeren den süßesten Lohn, den uns der Garten für die erdigen Arbeiten bieten kann.

Sorten

Es gibt unzählige Erdbeersorten, und jedes Jahr kommen neue hinzu. Dennoch lohnt sich ein Blick auf die bewährten Klassiker wie 'Mieze Schindler', für viele die wohlschmeckendste Sorte überhaupt. Diese Sorte sucht man in den Supermarktauslagen vergeblich, weil die Beeren druckempfindlich und nicht gut transportierbar sind. Aber umso besser schmecken sie!

Die meisten alten Liebhabersorten sind allerdings darauf angewiesen, dass in der Beetnachbarschaft eine zweite Bestäubersorte wächst. Es gibt aber auch moderne Züchtungen mit herausragenden Eigenschaften zu entdecken, z. B. die beliebte Frühsorte 'Honeoye' oder die besonders aromatische 'Florence' und 'Korona', um nur einige zu nennen.

Pflanzung

Erdbeeren werden nicht gesät, sondern über Ausläufer vermehrt – oder als Pflänzchen zugekauft. Die beste Pflanzzeit ist von Ende Juli bis Ende August. Eine gute Starthilfe liefern Zuschläge aus Kompost (ca. 4 l/m²) und Horndünger (ca. 30 g/m²), die du am besten schon

zwei, drei Wochen vor der Pflanzung ins Beet einarbeitest. Der Pflanzabstand in der Reihe beträgt ca. 25 cm, der Reihenabstand mindestens 40 cm. Achte darauf, dass beim Pflanzen die inneren Herzblätter über der Erdoberfläche bleiben! Weil Erdbeeren mit der Zeit immer spärlicher fruchten, solltest du die Pflanzen alle drei Jahre ersetzen und dabei auf ein frisches Beet umziehen.

Pflege

Erdbeerstauden begrüßen es, wenn du das Beet gleichmäßig feucht und möglichst frei von Unkräutern hältst, die ihnen Wasser und Nährstoffe abspenstig machen.

Im Winter können heftige Kahlfröste den Erdbeeren zusetzen. Einfachsten Schutz bietet etwas Reisig oder ein Vlies, das du rechtzeitig über den Bestand breitest. Sobald keine Fröste mehr drohen, wird die Abdeckung entfernt, damit die Erdbeeren zum Saisonstart wieder Luft und Licht bekommen. Nun steht ein kleiner Frühjahrsputz an: Zwischen den Reihen wird der Boden mit der Hacke (flach!) gelockert und alle welken Pflanzenteile werden ausgeputzt. Erst nach der Blüte empfiehlt es sich, eine Strohunterlage um die Pflanzen zu betten, um die Früchte

Kräftige Ausläufer oder zugekaufte Jungpflanzen beim Setzen gut andrücken!

Das beliebte Erntegut lässt sich durch ein
Netzgehäuse vor Vögeln schützen.

Strohmulch hält die Früchte nicht nur
sauber, sondern auch gesünder.

Tipp

Die von der Walderdbeere abstam-
mende Sorte 'Florika' schmeckt
nicht nur ausgezeichnet, sie ist
auch pflegeleichter und langlebiger
als herkömmliche Gartenerdbeeren.
Durch starke Ausläuferbildung
entsteht mit der Zeit eine regelrech-
te Erdbeerwiese, die man weder
jäten noch mulchen muss, aber
viele Jahre lang bepflücken kann.

sauber zu halten und den Befall mit Grauschimmel zu
verhindern, dessen Sporen im Boden lauern.

Nach der Ernte wird das alte Laub ausgeschnitten, das
Beet gelockert und organisch gedüngt. Die langen Ausläufer kannst du abtrennen und die kräftigsten davon als
frisches Pflanzgut verwenden.

Ernte

Je nach Sortenwahl und Witterung reifen die Früchte von
Mitte Mai bis Juli – oder laufend über den ganzen Sommer,
wenn es sich um dauertragende Sorten handelt.
Erdbeeren zählen zu den nicht nachreifenden Obstarten,
das heißt, du musst sie in voller Röte ernten, wenn du
das volle Aroma genießen möchtest.

Inhaltsstoffe

Erdbeeren haben einen höheren Vitamin-C-Gehalt als
Zitrusfrüchte. Außerdem enthalten die Früchte viel
Folsäure, Kalium, Kalzium, Eisen und Zink sowie wertvolle
Polyphenole. Kalorien haben sie hingegen kaum.

Verarbeitung

Stiel und Kelch werden möglichst mitgepflückt und bis
nach dem Waschen an der Frucht belassen, damit dabei
das Aroma nicht verwässert. Sollen die Erdbeeren
gesüßt werden, streut man den Zucker erst kurz vor dem
Verzehr auf die Beeren, sonst ziehen die Früchte zu viel
Saft. Was man nicht sofort wegnascht, landet auf dem
Kuchen, im Obstsalat, im Milchshake oder Smoothie
oder wird zu Konfitüre verarbeitet.

Lagerung und Konservierung

Je kühler Erdbeeren aufbewahrt werden, desto länger
halten sie: im Gemüsefach des Kühlschranks leider nur
etwa zwei Tage, im Gefrierfach viele Monate. Allerdings
lässt es sich nicht verhindern, dass die Früchte beim
Auftauen matschig werden.

Johannisbeeren

100–120 cm   März–April & Sept.–Nov.   Juni–Aug.

Johannisbeeren sind klassische Naschpflanzen aus Omas Bauerngarten, die wenig Mühe machen, aber viel Freude bereiten. Ihre Aromen variieren von lieblich-süß über süß-säuerlich bis hin zu fruchtig-herb. Deshalb sind sie auch so vielfältig verwendbar – als erfrischendes Naschobst ebenso wie für Kuchen, Konfitüren oder Gelees.

Es lohnt sich, der Erde schon bei der Pflanzung der Sträucher etwas Kompost und organischen Dünger beizumischen.

Sorten

Bei den verschiedenen Johannisbeersorten stehen unterschiedliche Farben und Geschmacksrichtungen zur Wahl. Die rotfrüchtigen Sorten sind am weitesten verbreitet. Bei geschickter Staffelung von frühen Sorten (z. B. 'Jonkher van Tets') und späten (z. B. 'Heinemanns Rote Spätlese') locken sie von Juni bis August mit süßsauren Beeren. Seltener zu Gesicht bekommt man die weißfrüchtigen Sorten wie z. B. 'Weiße Versailler'. Sie sind eng verwandt mit den roten, schmecken aber einen Deut süßer. Eine ganz andere Geschmacksrichtung schlagen die Schwarzen Johannisbeeren ein. Von klassisch fruchtig-herb ('Titania') bis lieblich-süß ('Silvergieters Schwarze') bietet das Sortiment eine ganze Reihe von Aromen.

Pflanzung

Johannisbeersträucher werden 1–2 m hoch. Die meisten Sorten können sich zwar selbst befruchten, bringen aber deutlich höhere Erträge, wenn Artgenossen in der Nähe stehen. Deshalb pflanzt man die Sträucher gern in kleine Reihen oder Gruppen. Der Pflanzabstand beträgt 100–120 cm, der Reihenabstand 150–200 cm.

Sonnige Lagen liefern die geschmackvollsten Beeren. In halbschattigen Lagen kommen die Sträucher auch zurecht, doch die Erträge fallen dort etwas spärlicher und die Beeren etwas säuerlicher aus. Johannisbeeren gedeihen am besten in nahrhafter Erde, die man vor der Pflanzung und jedes Frühjahr mit Kompost versorgt.

Pflege

Da wir es mit Flachwurzlern zu tun haben, musst du besonders darauf achten, dass der Boden um die Sträucher nicht austrocknet. Dabei hilft eine Mulchdecke aus Rindenmulch, Laubkompost oder Rasenschnitt.

Wassermangel ist manchmal auch die Ursache, wenn unreife Beeren vorzeitig abfallen. Man spricht dann

Schwarze Johannisbeeren besitzen ein herberes, aber auch intensiveres Aroma als die Roten sowie einen höheren Vitamin-C-Gehalt.

Abgetragene Triebe werden nach der Ernte oder im Spätwinter an der Basis mit der Astschere herausgenommen.

vom »Verrieseln« der Früchte. Es können aber auch Spätfröste zur Blütezeit schuld an einer schlechten Ernte sein.

Um die Sträucher ertragreich und gesund zu halten, solltest du sie jedes Jahr etwas auslichten und verjüngen. Ein guter Schnittzeitpunkt ist nach der Ernte. Beachte dabei: Rote und Weiße Johannisbeeren setzen ihre Früchte vor allem an zwei- und dreijährigen Trieben an. Ältere, abgetragene Triebe werden deshalb nach der Ernte in Bodennähe entfernt, um neuem Wuchs aus der Strauchbasis wieder Platz zu schaffen. Faustregel: Ein gut entwickelter Strauch sollte nicht mehr als acht bis zwölf kräftige und gut verzweigte Haupttriebe besitzen.

Bei den Schwarzen Johannisbeeren erfolgt der Schnitt ähnlich. Allerdings blühen und fruchten diese Sträucher bevorzugt an den langen einjährigen Trieben. Spätestens im dritten Jahr haben diese Triebe ausgedient und können ausgeschnitten werden.

Ernte
Idealerweise pflückt man Johannisbeeren samt Stängel. So bleiben sie länger frisch und verlieren keinen Saft. Zum Ablösen der Beeren kannst du die Rispen vorsichtig durch eine Gabel ziehen.

Inhaltsstoffe
Vor allem bei den Schwarzen Johannisbeeren ist der Vitamin-C-Gehalt mit ca. 150 mg pro 100 g herausragend. Außerdem sind alle Johannisbeeren reich an Kalium,

Eisen und Fruchtsäuren. Den hohen Gehalt an gelierendem Pektin macht man sich bei der Herstellung von Konfitüren etc. zunutze.

Verarbeitung
Der richtige Erntezeitpunkt ist von der gewünschten Zubereitung abhängig. Solltest du die Beeren roh im Dessert oder auf dem Kuchen genießen wollen, lässt du sie am Strauch ganz ausreifen, damit sie ihre volle Süße ausbilden können. Beeren, die für Konfitüren oder Gelees bestimmt sind, kannst du schon früher ernten. Der natürliche Pektingehalt ist nämlich vor der Vollreife am höchsten – und so sparst du dir zusätzliche Gelierhilfe beim Einkochen.

Je frischer du die sonnenbetankten Johannisbeeren genießt, umso voller ist die Ladung an Aroma- und Nährstoffen. Bei den Roten und Weißen Johannisbeeren kommt man im Sommer ohne Naschen kaum an den Sträuchern vorbei. Bei den Schwarzen hingegen ist der Frischgenuss nicht jedermanns Sache. Es gibt aber eine Reihe an Verarbeitungsmöglichkeiten, bei denen ihr intensives Aroma voll zum Tragen kommt, z. B. als Sirup oder Likör.

Lagerung und Konservierung
Johannisbeeren halten im Kühlschrank nur zwei, höchstens drei Tage. Sie lassen sich aber monatelang einfrieren, am besten als einzelne Beeren auf einem Backblech gefrostet.

Stachelbeeren und Josta

↔ 80–100 cm 150 cm	März–April & Sept.–Nov.	Juni– Aug.

Die Stachelbeere kennen schon die jüngsten Gärtner ganz genau: Einerseits tragen sie verlockende, leicht süßsaure Früchte, andererseits Stacheln, an denen man sich beim Naschen die Hände zerkratzen kann. Wenn du hingegen die »Josta« noch nicht kennst, ist das keine Schande. Sie ist eine noch relativ junge Kreuzung aus Schwarzer Johannisbeere und Stachelbeere und hat ein ganz besonderes Aroma.

Vom Hochstämmchen lassen sich Stachelbeeren besonders bequem ernten. Es erfordert allerdings von Anfang an eine Stütze.

Erst wenn sich die Früchte weicher anfühlen, sind sie vollreif und lassen sich entsprechend süß vom Strauch naschen.

Sorten

Es gibt Stachelbeersorten mit grünen, roten und gelben Früchten, mal behaart, mal glatt. Bei der Sortenwahl solltest du aber unbedingt ein Augenmerk auf die Widerstandsfähigkeit der Pflanze haben. Denn leider sind viele alte Sorten anfällig für den Amerikanischen Stachelbeermehltau. Bei neueren Sorten wie z. B. 'Invicta' (gelbgrün) oder 'Hinnonmäki' (gelb oder rot) wird die Erntefreude von dieser Pilzkrankheit nicht mehr getrübt.

Bei der Züchtung der Josta ist ein stacheloser, selbstfruchtbarer, äußerst ertragreicher Strauch entstanden, der sehr widerstandsfähig ist und ganz vorzügliche Beeren liefert. Eine empfehlenswerte Sorte ist beipielsweise 'Jostine'.

Pflanzung

Beste Pflanzzeit für beiden Arten ist im März/April oder von September bis November. Es lohnt sich, mehrere und unterschiedliche Stachelbeersorten zu pflanzen; das verbessert die Befruchtung. Ein halbschattiger Platz ist fast günstiger als pralle Sonne. Die dornigen, bis über 1 m hohen und ebenso breit wachsenden Sträucher gibt es auch als platzsparende Hochstämmchen. Der

Die Erziehung der Stachelbeersträucher am Spalier ist zwar anspruchsvoll, bringt dafür aber höhere Erträge auf wenig Raum.

Pflanzabstand beträgt 80–100 cm, der Reihenabstand 150 cm. Jostasträucher brauchen mindestens 150 cm Pflanzabstand und 200 cm Reihenabstand. Wie viele Beerensträucher lieben auch sie einen sonnigen Kopf und einen schattigen, also mit Mulch bedeckten, Fuß.

Pflege

Stachelbeeren sind nährstoffhungrig. Wenn du sie regelmäßig mit reichlich Kompost versorgst und vor Austrocknung schützt, wirst du mit üppigem Fruchtbehang belohnt. Nach der Ernte solltest du regelmäßig alte, abgetragene Triebe entfernen, damit wieder Licht ins Strauchwerk kommt und neue Triebe Platz haben.

Den wuchsfreudigen Jostasträuchern tut im Frühjahr ein Nährstoffzuschlag mit organischen Düngern wie Kompost oder Hornmehl gut. Nach der Ernte oder spätestens im Winter solltest du diese Sträucher verjüngen, indem du altes Holz, das keine Früchte mehr trägt, bodennah ausschneidest. Es genügt, wenn sechs bis acht vitale Haupttriebe das Gerüst bilden.

Ernte

Um üppig tragende Sträucher zu entlasten, kannst du schon ab Mitte Mai einen Teil der unreifen Stachelbeeren pflücken und zu Konfitüre oder Kuchenbelag verarbeiten. Diese sogenannte Grünpflücke führt dazu, dass die verbliebenen Beeren größer werden, besonders gut ausreifen und ein süßes, hoch aromatisches Naschobst ergeben. Bei Vollreife im Juli/August fühlen sich die Früchte etwas weicher an.

Bei der Josta ist Erntezeit, wenn die Beeren im Juli und August eine beinahe schwarze Färbung annehmen. Da die Früchte etappenweise reifen, gibt es über mehrere Wochen verteilt immer wieder etwas zu pflücken.

Inhaltsstoffe

In Stachelbeeren stecken viel Vitamin C, Kalium, der Ballaststoff Pektin und in vollreifem Zustand ein vergleichsweise hoher Zuckergehalt (vor allem in den roten Sorten), der durch die Fruchtsäuren angenehm ausgeglichen wird.

Von ihren Kreuzungseltern hat auch die Jostabeere einen beachtlichen Vitamin-C-Gehalt geerbt. Daneben punktet sie noch mit Pektinen und anderen sekundären Pflanzenstoffen.

Verarbeitung

Stachelbeeren, die ungenascht davonkommen, werden gern in Kuchen oder Muffins verbacken oder zu Kompott, Konfitüre und Gelee verarbeitet.

Wenn du das Cassis-Aroma von Schwarzen Johannisbeeren nicht magst, wirst du von der Milde der Jostabeeren angetan sein. Sie eignen sich vorzüglich zur Herstellung von aromatischen Konfitüren und Gelees, aber auch schmackhaften Säften.

Lagerung und Konservierung

Die Haltbarkeit der Stachelbeeren hängt vom Reifegrad ab. Vollreife Früchte halten im Kühlschrank ca. eine Woche, unreif geerntete bis zu drei Wochen.

Jostabeeren kannst du ebenfalls für einige Tage im Kühlschrank aufbewahren und bei Bedarf einfrieren.

Tipp

Die hübschen Hochstämmchen solltest du unbedingt mit einem Pfahl stützen, sonst drohen sie bei reichem Behang, bei Sturm oder unter einer schweren Schneehaube zu brechen.

Himbeeren und Brombeeren

| 30 cm 60–80 cm | März–April & Sept.–Nov. | Juni– Okt. |

Wer nicht in den Wald gehen will, um die süßen Beeren vom mehr oder weniger dornigen Gestrüpp zu naschen, der kann Himbeeren und Brombeeren relativ einfach im Garten anbauen. Dann steht einer reichen Ernte dieser köstlich-aromatischen Früchte nichts mehr im Wege.

Je nach Erntezeit unterscheidet man die klassischen Sommersorten und die etwas pflegeleichteren Herbsthimbeeren.

Sorten

Himbeeren unterscheidet man in die klassischen Sommerhimbeeren und die Herbsthimbeeren. Letztere reifen zwar etwas später, bleiben dafür aber von den Maden des Himbeerkäfers verschont. Außerdem sind Herbsthimbeeren wie 'Autumn Bliss' oder 'Himbo Top' etwas pflegeleichter. Bei den Sommersorten, denen mancher das feinere Himbeeraroma nachsagt, haben sich 'Meeker' und 'Glen Ample' einen Namen gemacht.

»Je stacheliger und garstiger der Wuchs, umso feiner die Beeren.« – Dieser alten Brombeerenweisheit kann man nur zustimmen, wenn man sich durch die wuchernde und heillos bestachelte alte Sorte 'Theodor Reimers' kämpft, um an ihre hocharomatischen Früchte zu kommen. Inzwischen gibt es aber auch stachellose Sorten (z. B. 'Navaho' oder 'Loch Ness'), die sehr gut schmecken, teilweise deutlich schwächer oder sogar aufrecht wachsen und sich auch für kleine Gärten eignen.

Pflanzung

Himbeeren sind ursprüngliche Waldrandbewohner. Ihre Ruten strecken sie am liebsten in die volle Sonne. Ihre Wurzeln dagegen fühlen sich unter einer Mulchdecke aus Grasschnitt o. Ä. am wohlsten. Der Pflanzabstand beträgt ca. 30 cm, der Reihenabstand 120 cm. Um den 2–3 m langen Himbeerruten Halt zu geben, pflanzt du sie am besten in eine Reihe und leitest die Ruten über ein einfaches Drahtgerüst.

Brombeerensträucher bevorzugen voll sonnige und windgeschützte Lagen. Insbesondere die Ruten der stachellosen Sorten sind etwas frostempfindlich und können in rauen Lagen schon einmal erfrieren. Deshalb pflanzt man die Sträucher gern an geschützte Haus- oder Schuppenwände. Der Pflanzabstand beträgt 60–80 cm, bei rankenden Sorten 2–4 m. Als Reihenabstand sollte man 2,5 m einhalten.

Pflanzzeit ist bei beiden Beeren März/April oder zwischen September und November.

Brombeeren wie Himbeeren müssen regelmäßig an ein Gerüst gebunden werden.

Inzwischen reifen auch an stachellosen
Sträuchern geschmackvolle Brombeeren.

Pflege

Der Schnitt ist je nach Gruppe unterschiedlich. Bei den
Sommerhimbeeren, die ihre Früchte an den letztjährigen
Ruten bilden, schneidet man nach der Ernte alle
abgetragenen Ruten bodennah ab. Pro laufenden Meter
kannst du acht bis zwölf kräftige Jungruten stehen
lassen, die dann im kommenden Jahr tragen. Bei Herbsthimbeeren ist es einfacher. Sobald die letzte Beere
geerntet ist, kannst du alle Triebe abschneiden. Grund:
Herbsthimbeeren fruchten vor allem an einjährigen
Ruten, also an denen, die im Frühjahr frisch austreiben.

Ein Wirrwarr an Trieben lässt sich bei den meisten
Brombeersorten nur verhindern, indem man die Ruten
fächerförmig durch ein Spalier aus vier bis fünf horizontal gespannten Drähten leitet und regelmäßig mit der
Schere unter Kontrolle hält.

Auch bei Brombeeren müssen alte, abgeerntete Triebe
dicht über dem Boden ausgeschnitten werden. Es genügt,
wenn immer nur vier bis acht junge Ruten nachwachsen
und das Spalier in Beschlag nehmen. Damit dir die
Pflanzen nicht über den Kopf wachsen, werden deren
Seitentriebe den Sommer über auf zwei bis vier »Augen«
gekürzt. Aus diesen schlafenden Knospen treiben im
nächsten Jahr die begehrten Blüten- und Beerenrispen.

Ernte

Man erntet je nach Sorte von Juni bis Oktober, sobald die
Früchte sortentypisch ausgefärbt sind.

Inhaltsstoffe

Himbeeren enthalten viel Vitamin C, B-Vitamine, Eisen,
Frucht- und Gerbsäuren.

Kaum eine andere Beere enthält soviel Carotine
(Provitamin A) wie die Brombeere. Außerdem zählen
Vitamin C, Kalzium, Kalium, Magnesium sowie die für
die blauschwarze Färbung verantwortlichen Anthocyane
zu den wertvollen Nährstoffen.

Verarbeitung

Himbeeren und Brombeeren sind äußerst empfindliche
Früchtchen. Wenn sie bei der Ernte Druckstellen
bekommen, saften sie schnell aus, verlieren Aroma und
werden matschig. Aufs Waschen von Himbeeren
verzichtet man nach Möglichkeit. Die Beeren sollten
rasch verarbeitet werden: Als Kuchenbelag oder
Biskuitfüllung, heiß zum Eis, als Sorbet, in der Roten
Grütze, zu Saft, Likör, Essig oder zu Konfitüre gekocht.
Sowohl aus Himbeer- als aus Brombeerblättern kann
man auch einen heilkräftigen Tee zubereiten.

Lagerung und Konservierung

Im Kühlschrank halten sich die Beeren kaum länger als
einen Tag, im Tiefkühlschrank monatelang. Damit sie
dort nicht zusammenkleben, lässt man sie zuerst ein
paar Stunden – einzeln auf einer Schale verteilt – anfrie-
ren, bevor man sie in den Gefrierbeutel packt. So lassen
sich die köstlichen Früchte auch im Winter genießen.

Heidelbeeren

| 100–150 cm | März–April & Sept.–Nov. | Juli–Sep. |

Gartenheidelbeeren stammen aus Nordamerika. Sie streichen nicht über den Boden wie unsere Waldheidelbeeren, sondern bilden aufrechte Sträucher, die je nach Sorte bis zu 2 m hoch werden. Deutlich größer werden auch die hell- bis tiefblauen Beeren. Die Früchte empfehlenswerter Sorten wie 'Duke' oder 'Goldtraube' erreichen fast Kirschengröße!

Als Moorbeetpflanzen, die ein saures Substrat benötigen, werden Heidelbeeren gern in Kübeln kultiviert.

Ein derartiges Stangenzelt dient als Stütze für ein Vogelschutznetz.

Pflanzung

Nur wenn du die Wünsche des Heidekrautgewächses erfüllst, wirst du mit reicher Ernte belohnt. Heidelbeeren brauchen wie Rhododendren einen sauren Boden, d. h. einen niedrigen pH-Wert. In den meisten Beeten muss man ein solches Milieu durch Einarbeiten von Torfersatzstoffen erst schaffen. Rindenhumus, Nadelstreu, Lauberde, Sägespäne oder Kokosfasern eignen sich als entsprechende Zuschlagsmaterialien. Um zu verhindern, dass auf Dauer Kalk in die Pflanzung eingewaschen wird, der die Bodensäure wieder neutralisiert, kleiden erfahrene Heidelbeergärtner die Wände der Pflanzgrube oder gleich ganze Pflanzbeete mit Folie aus.

Wenn der Boden sehr kalkhaltig ist oder wenn es dir einfach zu mühsam ist, ein saures »Moorbeet« anzulegen, kannst du die Sträucher auch gut im Kübel ziehen. Das saure Bodenmilieu lässt sich darin viel einfacher dauerhaft erhalten. Eine geeignete Pflanzerde kannst du dir selber mischen oder im Biofachhandel beziehen.

Heidelbeeren sind Flachwurzler, die es nicht vertragen, wenn sie zu tief in der Erde liegen. Man setzt die Pflanzen so hoch, dass die obere Kante des Wurzelballens zwei Fingerbreit aus der Erde schaut. Nach der Pflanzung kannst du den Wurzelbereich mit Mulch bedecken, z. B. mit Nadelstreu oder Holzspänen – das lieben die ehemaligen Waldbewohner. Aber beachte: Im Gegensatz zur Waldheidelbeere wünschen die Gartensorten einen Platz an der Sonne!

Gepflanzt wird im Frühjahr oder Herbst. Der Pflanzabstand beträgt je nach Sorte 100–150 cm, der Reihenabstand 150 cm. Die stattlichsten Erträge liefern Heidelbeeren, wenn mindestens zwei verschiedene Sorten beieinander stehen und sich gegenseitig befruchten.

Pflege

In den folgenden Jahren solltest du mit Gießkanne oder Schlauch dafür sorgen, dass spätestens ab der Blütezeit der Boden um die Heidelbeerwurzeln gleichmäßig

Pflanzt man mindestens zwei verschiedene Sorten, fördert dies den Fruchtansatz.

Bei solch reicher Ernte lohnt es sich, sie durch Netze vor Vögeln zu schützen.

Nur bei älteren Sträuchern nimmt man jährlich ein bis zwei überalterte Triebe heraus.

feucht bleibt. Andernfalls werfen die Sträucher ihre Früchte vorzeitig ab oder bilden nur kleine Beeren. Nach Möglichkeit gießt man Heidelbeeren mit weichem Wasser aus der Regentonne. Im Gegensatz zum kalkhaltigen Leitungswasser hält Regenwasser den Boden sauer. Im Frühjahr sind die Pflanzen dankbar für eine Nährstoffgabe, am besten mit geeignetem Dünger aus dem Biofachhandel. Ein Schnitt ist erst nach vier bis fünf Jahren nötig: Dann entfernt man überalterte Triebe an der Basis.

Ernte
Je nach Sortenwahl reifen die kleinen Leckerbissen von Mitte Juli bis September, immer in mehreren Etappen. Da freuen sich auch die Vögel! In bestimmten Lagen ist es deshalb dringend zu empfehlen, rechtzeitig ein Netz über die Sträucher zu spannen, sonst ist ein Heidelbeerstrauch im Nu abgefressen.

Inhaltsstoffe
Besonders wertvoll sind die blauen Farbstoffe der Heidelbeeren. Im Gegensatz zu den Waldheidelbeeren stecken diese Anthocyane bei den Kultursorten aber nur in der Schale. Dafür färben sich beim Verzehr Zunge und

Zähne nicht blau. Und zusammen mit den Gerbstoffen und anderen sekundären Pflanzenstoffen sowie dem hohen Vitamin-C-Gehalt haben wir es immer noch mit sehr gesunden Früchtchen zu tun.

Verarbeitung
Mit ihrem süßsäuerlichen Fruchtaroma harmonieren Heidelbeeren sehr gut mit Milchprodukten. Du kannst sie einfach ins Müsli mischen, zu fruchtigen Milchshakes mixen oder den Joghurt damit aufpeppen. Einen Versuch wert ist auch die Kombination mit Kokosmilch und Zimt. Muffins und Crêpes mit Heidelbeeren sind berühmt, genauso wie der klassische Sommerbeerenkuchen. Außerdem lassen sich die Beeren zu leckerer Konfitüre oder köstlichem Sirup verarbeiten.

Lagerung und Konservierung
Gartenheidelbeeren halten im Kühlschrank bis zu zwei Wochen. Sie lassen sich sehr gut einfrieren oder auch trocknen. Letzteres klappt am besten im Backofen bei 50 °C mit einem eingeklemmten Holzkochlöffel in der Ofentür, der die Feuchtigkeit entweichen lässt. Nach gut drei, vier Stunden sind die Beeren rosinenartig gedörrt und können in Marmeladengläsern aufbewahrt werden.

Praktische
Tipps & Tricks

Gute Nachbarn, schlechte Nachbarn

Legend: ☐ Gute Nachbarn (hellgrau) ■ Schlechte Nachbarn (dunkel) ☐ Neutrale Nachbarn (weiß)

Codierung der Zellen: **G** = Gute Nachbarn, **S** = Schlechte Nachbarn, leer = Neutrale Nachbarn

	Asia-Kohl	Asia-Salate	Blumen-kohl	Bohnen	Bohnen-kraut	Brokkoli	Dill	Endivien & Co.	Erbsen	Erdbeeren	Feldsalat
Asia-Kohl		G	S			S				S	G
Asia-Salate	G		S			S				S	G
Blumenkohl	S	S								S	
Bohnen	G								S		
Bohnenkraut											
Brokkoli	S	S									
Dill											
Endivien & Co.	G										G
Erbsen				S							
Erdbeeren	S										G
Feldsalat	G										
Fenchel				S			S				
Grünkohl											
Gurken											
Kapuzinerkresse											
Kartoffeln									S		
Knoblauch	S	S	S			S			S		G
Kohlrabi	G	G									
Kohl- und Mairüben	G	G				S					
Kopfkohl	S	S	S								
Kopfsalate											
Kürbis							S				
Lauch (Porree)				S					S		
Mangold											
Möhren											
Obststräucher											
Paprika & Chili									S		
Pastinake											
Petersilie							G				
Radieschen	S	S	S			S					
Rettich	S	S	S			S					
Rosenkohl	S					S					
Rote Bete											
Rucola											
Schnittlauch											
Sellerie							G	G			
Spinat											
Tomaten									S		
Winterportulak											
Wirsing	S		S			S				S	
Zucchini											
Zuckermais											
Zwiebeln & Schalotten	S			S					S		

	Fenchel	Grünkohl	Gurken	Kapuziner-kresse	Kartoffeln	Knoblauch	Kohlrabi	Kohl- und Mairüben	Kopfkohl	Kopfsalate	Kürbis
Asia-Kohl		■				■		■	■	░	
Asia-Salate		■				■		■	■		
Blumenkohl						■			■		░
Bohnen	■										
Bohnenkraut											
Brokkoli						■			■		
Dill	■				░						■
Endivien & Co.	░										
Erbsen					■	■					
Erdbeeren											
Feldsalat											
Fenchel											
Grünkohl					■	■		■		░	
Gurken		░			■						■
Kapuzinerkresse											
Kartoffeln		■	■								■
Knoblauch		■	░				■	■	■		
Kohlrabi		░				■		■	■		
Kohl- und Mairüben		■				■	■		■		
Kopfkohl		░				■		■			
Kopfsalate											
Kürbis			■		■						
Lauch (Porree)						■					
Mangold											
Möhren											
Obststräucher				░							
Paprika & Chili				■	■						
Pastinake	■										
Petersilie				■	░					■	
Radieschen		■	■				■	■	■	░	
Rettich		■	■				■	■	■		
Rosenkohl		■				■	■	■	■		
Rote Bete					■						
Rucola				■							
Schnittlauch											
Sellerie					■					■	
Spinat											
Tomaten	■		■		■						
Winterportulak											
Wirsing		■				■	■	■			
Zucchini											
Zuckermais					░						
Zwiebeln & Schalotten		■			■				■		

	Lauch (Porree)	Mangold	Möhren	Obststräucher	Paprika & Chili	Pastinake	Petersilie	Radieschen	Rettich	Rosenkohl	Rote Bete
Asia-Kohl								■	■	■	
Asia-Salate								■	■	■	
Blumenkohl								■	■	■	
Bohnen	■	▨			▨			▨			▨
Bohnenkraut											
Brokkoli								■	■	■	
Dill			▨				■				▨
Endivien & Co.	▨							▨	▨		▨
Erbsen	■				■			▨		▨	
Erdbeeren								▨			
Feldsalat											
Fenchel						■					
Grünkohl										■	
Gurken					■			■	■		
Kapuzinerkresse				▨	▨		■				
Kartoffeln					■						■
Knoblauch	■							▨		■	
Kohlrabi								■	■	■	
Kohl- und Mairüben								■	■	■	
Kopfkohl	▨							■	■	■	
Kopfsalate			▨				■	▨			
Kürbis											
Lauch (Porree)			▨								■
Mangold	▨		▨								■
Möhren	▨					■					
Obststräucher											
Paprika & Chili											
Pastinake			■				■				
Petersilie			■			■					
Radieschen									▨	■	
Rettich								■		▨	
Rosenkohl								■			
Rote Bete	■	■			▨	▨		■			
Rucola								■	■		
Schnittlauch	■										
Sellerie			■		▨	▨					
Spinat		■									▨
Tomaten	▨				■						
Winterportulak											
Wirsing								■	■	■	
Zucchini								■	■	■	
Zuckermais											
Zwiebeln & Schalotten										■	▨

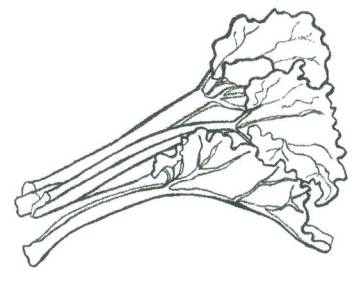

Legend: ● = dark cell, ○ = light cell

	Rucola	Schnittlauch	Sellerie	Spinat	Tomaten	Winter-portulak	Wirsing	Zucchini	Zuckermais	Zwiebeln & Schalotten
Asia-Kohl			○	○		○	●			●
Asia-Salate			○			○	●			●
Blumenkohl			○				●			
Bohnen					○		○			●
Bohnenkraut										
Brokkoli			○				●			
Dill			●							○
Endivien & Co.			●	○						
Erbsen					●					●
Erdbeeren							●			○
Feldsalat										○
Fenchel			○		●		●			
Grünkohl			○		○		●			●
Gurken			○		●					
Kapuzinerkresse	●				○			○		○
Kartoffeln			●		●					●
Knoblauch							●			
Kohlrabi		○	○				●			○
Kohl- und Mairüben		○	○				●			
Kopfkohl		○	○				●			●
Kopfsalate			●	○				○		
Kürbis										
Lauch (Porree)		●								
Mangold			○	●						
Möhren			●							
Obststräucher										
Paprika & Chili			●		●					
Pastinake			●							
Petersilie			●							
Radieschen	●					○	●	●		
Rettich	●					○	●	●		
Rosenkohl						○	●			●
Rote Bete				●						
Rucola			○							
Schnittlauch										
Sellerie	○									
Spinat								○		
Tomaten										
Winterportulak	○									
Wirsing										●
Zucchini									○	
Zuckermais								○		
Zwiebeln & Schalotten							●			

143

Gartenkalender

■ unter Glas   ▦ im Freiland

(Legende: ■ = unter Glas, ▦ = im Freiland)

Gemüse / Kräuter		Jan.	Feb.	März	Apr.	Mai	Juni	Juli	Aug.	Sep.	Okt.	Nov.	Dez.
Asia-Kohl	Säen							▦	▦				
	Pflanzen												
	Ernten									▦	▦		
Asia-Salate	Säen			▦	▦	▦	▦	▦					
	Pflanzen												
	Ernten					▦	▦	▦	▦	▦	▦	▦	
Basilikum	Säen			■	■								
	Pflanzen					▦	▦						
	Ernten					▦	▦	▦	▦				
Blumenkohl	Säen			■	▦	▦							
	Pflanzen				▦	▦	▦	▦					
	Ernten						▦	▦	▦	▦	▦		
Bohnen	Säen					▦	▦	▦					
	Pflanzen												
	Ernten						▦	▦	▦	▦	▦		
Bohnenkraut	Säen					▦	▦						
	Pflanzen												
	Ernten							▦	▦	▦	▦		
Brokkoli	Säen			■	▦	▦	▦						
	Pflanzen					▦	▦						
	Ernten						▦	▦	▦	▦	▦		
Dill	Säen				▦	▦	▦						
	Pflanzen												
	Ernten							▦	▦	▦	▦		
Endivien & Co.	Säen						▦	▦					
	Pflanzen							▦	▦				
	Ernten									▦	▦	▦	▦
Erbsen	Säen				▦	▦	▦						
	Pflanzen												
	Ernten						▦	▦	▦	▦			

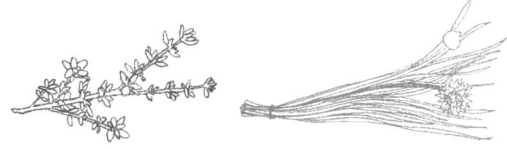

Gemüse / Kräuter		Jan.	Feb.	März	Apr.	Mai	Juni	Juli	Aug.	Sep.	Okt.	Nov.	Dez.
Feldsalat	Säen							■	■	■			
	Pflanzen												
	Ernten									■	■	■	■
Fenchel	Säen		■	■	■	■	■	■					
	Pflanzen				■	■	■						
	Ernten					■	■	■	■				
Grünkohl	Säen					■	■						
	Pflanzen						■	■					
	Ernten										■	■	■
Gurken	Säen				■	■							
	Pflanzen					■							
	Ernten						■	■	■	■			
Kartoffeln	Säen												
	Pflanzen				■	■							
	Ernten								■	■			
Knoblauch	Säen												
	Pflanzen			■	■				■				
	Ernten									■	■		
Kohlrabi	Säen		■	■	■	■	■						
	Pflanzen				■	■	■	■					
	Ernten				■	■	■	■	■	■	■		
Kohlrüben	Säen				■	■							
	Pflanzen					■							
	Ernten									■	■	■	
Kopfkohl	Säen		■	■	■	■							
	Pflanzen				■	■							
	Ernten								■	■	■	■	
Kopfsalate	Säen		■	■	■	■	■	■					
	Pflanzen			■	■	■	■	■					
	Ernten						■	■	■	■			
Kürbis	Säen				■	■							
	Pflanzen				■	■							
	Ernten								■	■	■	■	

Gemüse / Kräuter		Jan.	Feb.	März	Apr.	Mai	Juni	Juli	Aug.	Sep.	Okt.	Nov.	Dez.
Lauch (Porree)	Säen			■	■								
	Pflanzen				■	■	■						
	Ernten	■	■						■	■	■	■	■
Mairüben	Säen			■	■	■	■						
	Pflanzen												
	Ernten					■	■	■	■	■	■	■	
Mangold	Säen				■	■	■						
	Pflanzen												
	Ernten					■	■	■	■	■	■	■	
Möhren	Säen			■	■	■	■						
	Pflanzen												
	Ernten						■	■	■	■	■		
Paprika & Chili	Säen	■	■	■									
	Pflanzen					■	■						
	Ernten							■	■	■	■		
Pastinake	Säen			■	■	■							
	Pflanzen												
	Ernten									■	■	■	■
Petersilie	Säen			■	■	■	■	■					
	Pflanzen												
	Ernten					■	■	■	■	■	■	■	
Radieschen	Säen			■	■	■	■	■	■				
	Pflanzen												
	Ernten					■	■	■	■	■	■		
Rettich	Säen			■	■	■							
	Pflanzen												
	Ernten					■	■	■	■	■	■		
Rosenkohl	Säen				■								
	Pflanzen					■	■						
	Ernten										■	■	■
Rote Bete	Säen				■	■	■						
	Pflanzen												
	Ernten							■	■	■	■		

Gemüse / Kräuter		Jan.	Feb.	März	Apr.	Mai	Juni	Juli	Aug.	Sep.	Okt.	Nov.	Dez.
Rucola	Säen				■	■	■	■	■	■	■		
	Pflanzen												
	Ernten					■	■	■	■	■	■	■	
Schalotten	Säen												
	Pflanzen			■	■				■	■			
	Ernten						■	■	■	■			
Schnittlauch	Säen				■	■							
	Pflanzen												
	Ernten					■	■	■	■	■	■	■	■
Sellerie	Säen		■	■	■								
	Pflanzen				■	■							
	Ernten								■	■	■		
Spinat	Säen			■	■				■	■			
	Pflanzen												
	Ernten	■	■		■	■	■	■	■	■	■	■	■
Tomaten	Säen			■	■								
	Pflanzen					■	■						
	Ernten							■	■	■	■		
Winterportulak	Säen	■	■	■	■				■	■	■	■	■
	Pflanzen												
	Ernten	■	■	■	■	■				■	■	■	■
Wirsing	Säen		■	■									
	Pflanzen				■								
	Ernten								■	■	■		
Zucchini	Säen				■	■	■						
	Pflanzen					■	■						
	Ernten						■	■	■	■	■		
Zuckermais	Säen				■	■							
	Pflanzen												
	Ernten								■	■	■		
Zwiebeln	Säen			■	■	■							
	Pflanzen			■	■	■							
	Ernten								■	■			

Genießen nach den Jahreszeiten

Wenn die Zeit reif ist ...

Im Supermarkt findet man fast das ganze Jahr beinahe alle Gemüse gleichzeitig – heimische und exotische Arten. Die einst begrenzte Saison wurde immer weiter ausgedehnt – durch neue Züchtungen und energieaufwendige Anbauverfahren, moderne Lagertechniken und Transporte aus klimatisch bevorzugten Ländern (siehe »Regionale Lebensmittel« S. 28-29). Doch es ist noch gar nicht so lange her, dass es Erdbeeren hauptsächlich zwischen Ende Mai und Juli gab. Schon damals hat man viel Mühe auf die Verfrühung verwandt, weil man wusste: Die ersten Früchte der Saison schmecken gefühlt am leckersten! Inzwischen gibt es Erdbeeren beinahe ganzjährig. Doch wenn du dich genau beobachtest, wirst du feststellen, dass dir manches Obst und Gemüse automatisch dann am besten schmeckt, wenn es natürlicherweise auch bei uns reif ist.

Gute Gründe für Saisonfrüchte

Es ist sinnvoll, das Bewusstsein auch für die richtige Saison anderer Lebensmittel zu schärfen, bei denen unsere Sinne nicht so selbstverständlich reagieren. Denn es gibt gute Gründe, Salate, Früchte und Gemüse zur passenden Saison aus heimischem Anbau zu beziehen. Die günstigeren Preise sind dafür nur das oberflächlichste Anzeichen. Ohne aufwendige Kulturtechniken werden Nahrungsmittel umweltfreundlicher produziert, sie erfordern keine Energie für die Lagerung und keine weiten Transportwege aus fernen Kontinenten.

... schmeckt's am besten

Ab Mai gibt es die ersten Salate und Radieschen aus Freilandanbau und die frisch geernteten Rhabarberstiele stehen ab sofort für erfrischenden Kuchen oder Kompott zur Verfügung. Anschließend ist Erdbeerzeit. Zu Beginn des Hochsommers verlocken uns süße Kirschen sowie die ersten reifen Tomaten. Im späten Hochsommer freuen wir uns auf Pflaumenkuchen. Ab September stimmt eine köstliche Kürbissuppe auf den Herbst ein. Und von Herbst bis tief in den Winter versorgen sich viele gern bei deftigen Sauerkrautgerichten mit den wichtigen Vitaminen für die kalte Jahreszeit.

Ackerhelden lernen schneller

Bei alledem ist dein eigener Acker oder Garten die beste Schulbank: Du lernst mit den Jahren ganz von selbst, welche Gemüse und Beerenfrüchte im Lauf des Jahres zu welcher Zeit erntereif werden und zur Verfügung stehen. Kurz gesagt: Du lernst, mit dem Rhythmus der heimischen Natur zu leben und die Früchte der jeweiligen Saison zu schätzen.

Frisch = nährstoffreich

Und ebenso gilt: Ohne Lagerung, ohne Transporte und sogar ohne besondere Anbaumethoden ist auch der Nährstoffgehalt und damit der Gesundheitswert der Gemüse und Früchte höher!

Alle nicht-optimalen Bedingungen verringern nämlich die Entstehung von Vitaminen und anderen wertvollen sekundären Inhaltsstoffen. Zu den nicht-optimalen Bedingungen gehören bereits die Wände eines Gewächshauses, weil sie weniger Licht durchlassen. Und weil der Stoffwechsel der Pflanzen auch nach der Ernte noch aktiv ist, verlieren sie bei der Lagerung nicht nur Wasser, sondern es werden auch die Nährstoffe nach und nach abgebaut.

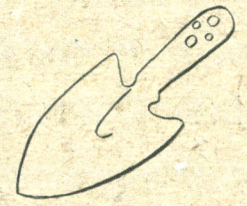

Erste Hilfe für deine Pflanzen

Selbst bei bester Pflege können Pflanzen krank werden. Und leider finden auch andere Lebewesen – wie Schnecken und Insekten – unser Erntegut zum Anbeißen. Deshalb gehören zum Gärtnern auch Maßnahmen, mit denen sich derartige Bedrohungen abwehren oder zumindest in Schranken halten lassen.

Tierische Schädlinge

Wühlmäuse

Wühlmäuse fühlen sich als reine Vegetarier auf deinem Acker äußerst wohl, sind aber aufgrund ihres Gemüseappetits äußerst unbeliebte Nachbarn. Große Wühlmäuse knabbern alles an, was sich unter der Erdoberfläche befindet, und sind in der Lage, deinen Gemüsekulturen erheblichen Schaden zuzufügen. Man erkennt ihre Arbeit z. B. an welkenden Salatköpfen oder Wurzelgemüsen.

Charakteristisch sind Erdhügel auf dem Beet. Löcher lassen auf die kleine Wühlmaus (auch Feldmaus genannt) schließen, die im Gegensatz zu ihrer großen Schwester auch an die Oberfläche kommt, um dort nach Nahrung zu suchen.

Folgende Maßnahmen gegen Wühlmäuse sind empfehlenswert:

Förderung der natürlichen
Feinde – Um Raubvögel anzulocken, ist es einen Versuch wert, eine Sitzstange auf dem Acker zu platzieren.

Hier können sich auch nachtaktive Jäger wie Eulen niederlassen und ihr scharfes Auge auf deinen Acker werfen. Solch eine Stange kann man sich aus zwei Holzstäben sehr einfach selbst herstellen, dann einfach in die Erde stecken und gegebenenfalls rundherum festtreten.

Geräusche und Vibrationen – Wühlmäuse sind ausgesprochen geräuschempfindliche und schreckhafte Tiere. Kleine Windräder (wie man sie beispielsweise in Spielzeugläden bekommt), an den kritischen Stellen auf dem Acker verteilt, können sowohl durch Geräusche als auch Vibrationen, die sich in den Boden übertragen, für störende Unruhe sorgen und so gegen die Nager wirken.

Schneckenabwehr

Schnecken stellen für viele Gemüsepflanzen eine Gefahr dar. Allerdings lässt sich Schneckenfraß durch ganz einfache Maßnahmen recht wirkungsvoll eindämmen.

Da Schnecken ein feuchtes Milieu lieben und brauchen, ist es enorm wichtig und hilfreich, den Boden durch Hacken offen zu halten. So kann die Oberfläche schnell abtrocknen und die Schnecken haben einen schwereren Weg, als ihnen lieb ist.

Abwehren – Eine gute Methode gegen Schneckenfraß ist ein Ring aus einfachem Sand, der um die Jungpflanzen herum ausgestreut wird. Hier muss man darauf achten, dass keine Lücken im Sandring entstehen bzw. dass diese rechtzeitig wieder geschlossen werden.

Absammeln – Die wirksamste Maßnahme aber ist das Absammeln der Schnecken. Man kann sie auch gezielt durch ausgelegte Bretter, große Blätter oder verwelkte Pflanzenreste anlocken. Anschließend empfehlen wir, die Tiere in sicherer Entfernung wieder auszusetzen, wo sie keinen Schaden anrichten können.

Bei feuchten Bedingungen kommen Nacktschnecken aus ihrem Unterschlupf.

Notfallmedizin

Für den alleräußersten Notfall, wenn du dir gar nicht mehr anders zu helfen weißt, gibt es ein Mittel, das auch im biologischen Anbau zugelassen ist, da es für Warmblüter und Nützlinge ungiftig ist: Ferramol Schneckenkorn (von Neudorff). Achte aber unbedingt auf den Namen Ferramol und die korrekte Dosierung! Alle anderen Präparate, die sich auch Schneckenkorn nennen, enthalten giftige Wirkstoffe, die für Umwelt, Wild- und Haustiere bedenklich sind.

Blattläuse

Blattläuse treten oft in Massen auf und vermehren sich sehr schnell. Mit ihrem Saugrüssel stechen sie Blätter und Triebe der befallenen Pflanzen an und laben sich an deren Saft.

Folgende Maßnahmen gegen Blattläuse sind nach unserer Erfahrung empfehlenswert:

Kulturschutznetz verwenden – Es bietet begrenzten Schutz, wenn die Maschenweite sehr klein ist (weniger als 1 mm).

Entfernen der befallenen Pflanzenteile – Bei besonders starkem Befall sollten die entsprechenden Pflanzenteile entfernt werden. Sie können anschließend bedenkenlos auf dem Kompost entsorgt werden.

Brennnessel-Kaltwasserauszug – Einmal wöchentlich (bei starkem Befall an drei aufeinanderfolgenden Tagen) besprüht man die Pflanzen mit einem Brennnessel-Kaltwasserauszug. Er ist recht einfach herzustellen: Ein bis zwei Handvoll Brennnesseln in einem 10-Liter-Eimer Wasser (vorzugsweise Regenwasser) einweichen, 12–24 Stunden ziehen lassen und anschließend abseihen. Etwas Schmierseife hinzufügen, damit die Flüssigkeit besser an den Pflanzen haftet.

Zwiebelschalen- oder Knoblauch-Brühe – Ca. 70 g Zwiebelabfälle oder Knoblauch fein hacken und mit 5 l kochendem Wasser überbrühen, abkühlen lassen, anschließend abseihen. Etwas Schmierseife hinzufügen, damit die Flüssigkeit besser an den Pflanzen haftet. Direkt auf die Blattläuse sprühen.

Über Nacht hinterlassen die Schnecken unübersehbare Fraßspuren an den Blättern.

Blattläuse sitzen bevorzugt an der Unterseite und saugen Pflanzensäfte.

Feinmaschige Kulturschutznetze halten tierische Schädlinge vom Gemüse fern.

Die Raupen des Kohlweißlings ernähren sich bevorzugt von Kohlblättern.

Kohlweißling

Der Kohlweißling ist als Schmetterling sicher ein hübscher Falter, seine Larven jedoch sind als Schädlinge in der Lage, jeglichen Kohlgewächsen – vom Weißkohl über den Wirsing bis hin zum Kohlrabi – erheblichen Schaden zuzufügen.

Je nach Region gibt es pro Jahr zwei bis drei Generationen der Falter, deren wesentliche Flugzeiten von April bis Juni, von Mitte Juli bis Ende August und zwischen September und Oktober liegen. Dabei richtet die zweite Generation in der Regel den meisten Schaden an.

Folgende Maßnahmen gegen Kohlweißlingslarven sind empfehlenswert:

Eigelege entfernen – Ab Juni gilt es, regelmäßig die Unterseiten der Blätter auf Eigelege zu untersuchen und diese sofort zu entfernen, d. h. zu zerdrücken. Diese Maßnahme ist zwar arbeitsintensiv, aber wirkungsvoll.

Tomatenkaltwasserauszug – Zwei Handvoll Tomatentriebe gut zerstampfen und in 2 l Wasser mindestens zwei Stunden lang ziehen lassen. Danach seiht man den Ansatz ab. Während der Flugzeiten des Kohlweißlings möglichst oft unverdünnt auf die Pflanzen sprühen.

Kartoffelkäfer

Wie der Name verrät, ist der Kartoffelkäfer besonders an deinen Kartoffelpflanzen interessiert. Er und seine Larven fressen mit Vorliebe die Blätter der Pflanzen und sind mit ihrem außerordentlich gesunden Appetit in der Lage, ganze Kartoffelbestände zu vernichten.

Hier heißt es also Augen auf und Gegenmaßnahmen ergreifen, sobald sich die ersten Larven zeigen.

Folgende Maßnahmen gegen Kartoffelkäfer sind empfehlenswert:

Kulturschutznetz verwenden – Vor der Eiablage über die Pflanzen gelegt, halten solche Netze die Käfer fern. Besonders in warmen Wintern überleben die Käfer im Boden und klettern dann bei steigenden Temperaturen aus ihrem Versteck. In solchen Fällen ist ein Netz leider wirkungslos, da es ausschließlich vor neuem Zuflug schützen kann.

Absammeln – In der Regel legt der Käfer ab Juni zahlreiche Eier an die Blattunterseiten der Kartoffelpflanzen. Nach drei bis zwölf Tagen schlüpfen dann die Larven und haben sofort Hunger. Die wirksamste Gegenmaßnahme ist einfach, aber möglicherweise nicht jedermanns Sache. Denn sämtliche Larven und Käfer müssen abgesammelt und entsorgt werden. Dabei bedeutet entsorgen leider zwangsläufig töten, denn wenn man die Käfer an anderer Stelle wieder aussetzt, ist der Schaden nicht behoben, sondern lediglich aufgeschoben. Eine wenig blutrünstige Variante ist, die Käfer und Larven in einem alten Glas mit Schraubdeckel zu sammeln, dieses anschließend fest zu verschließen und mit dem Hausmüll zu entsorgen. Zu bedenken ist natürlich, dass dieses Vorgehen in keiner Weise kurz und schmerzlos ist, sondern die Tiere qualvoll verenden. Das Zerdrücken der Schädlinge an Ort und Stelle ist deshalb die »schonendste« (und zugleich natürlich schonungsloseste) Vorgehensweise, die aber ein gewisses Nervenkostüm erfordert.

Nützlinge

Eine besonders natürliche und schöne Methode, Schädlingsbefall einzudämmen, ist die Begünstigung von Nützlingen. So bezeichnet man Spinnentiere und Insekten, für die Schädlinge Nahrung oder Wirt sind. Dazu gehören z. B. Marienkäfer und andere Käfer, verschiedene Fliegenarten und diverse Hautflügler.

Du sorgst für günstige Nützlingsbedingungen, indem du auf einem Teil der Fläche Blumenwiesen oder Bienenweiden einsäst. Die so entstehenden Wildwiesen sind nicht nur für die Nützlinge eine schöne Sache, sondern auch fürs Auge eine Freude und laden außerdem zum Blumenpflücken ein.

Pflanzenkrankheiten

Im Folgenden findest du eine kleine Übersicht der Pflanzenkrankheiten, die dir auf dem Acker oder im Garten am häufigsten begegnen.

Krautfäule

Die Krautfäule ist eine Pilzerkrankung, die durch den Pilz *Phytophtora infestans* ausgelöst wird. Bei Kartoffeln tritt sie in Form von Kraut- und Knollenfäule auf, bei Tomaten in Form von Kraut- und Braunfäule.

Kaum zu glauben: Der Marienkäfer frisst Blattläuse und andere Pflanzenschädlinge.

Mit einer Wildblumenwiese lassen sich unzählige nützliche Insekten anlocken.

Solche Blattflecken sind die ersten Krautfäule-Symptome an den Kartoffeln.

Die Krautfäule bezeichnet dabei den Befall der Blätter, die Knollen- bzw. Braunfäule den Befall der Kartoffelknollen bzw. der Früchte der Tomate. Sie ist sicher eine der bekanntesten und bedeutendsten Pflanzenkrankheiten. Sie ist in der Lage, innerhalb relativ kurzer Zeit zu schwerwiegenden Ernteausfällen bis hin zu Totalausfällen zu führen.

Erste Anzeichen der Kraut- und Knollenfäule sind kleine, graubraune Blattflecken mit einem hellgrünen Rand sowie dunkelgrüne bis schwarze Flecken auf den Blattstängeln. Im Anschluss verfärben sich die Blätter immer mehr und vertrocknen schließlich vollständig.

Tomatenpflanzen werden, unabhängig von der Sorte, früher oder später von der Kraut- und Braunfäule befallen.

Es gibt allerdings Freilandsorten, wie die 'Golden Currant' und 'Rote Murmel', die weitestgehend resistent gegen die Erreger sind und unter normalen Umständen erst sehr spät erkranken. Gänzlich verhindern lässt sich der Ausbruch aber nicht.

Folgende Maßnahmen gegen die Krautfäule an Tomaten sind empfehlenswert:

Entfernen von befallenen Pflanzenteilen – Befallene Früchte, Blätter und Stängel müssen so schnell wie möglich entfernt und im Hausmüll entsorgt werden. Präventiv kannst du bodennahe Blätter auch ohne Befall entfernen, da die Pilzsporen sich in der Erde befinden und durch Spritzwasser auf die Blätter gelangen.

Richtig gießen – Gieße ausschließlich die Erde im Wurzelbereich der Tomaten und achte darauf, dass beim Gießen kein Wasser auf Blätter und Stängel kommt! Nasse Blätter sind anfällig für Pilzkrankheiten.

Besprühen mit Ackerschachtelhalm-Brühe –Ackerschachtelhalm, auch bekannt als Zinnkraut, hat einen enorm hohen Gehalt an Kieselsäure und ist deshalb ein besonders wirksames Mittel gegen Pilzkrankheiten.

Zum Herstellen einer Brühe weicht man 100 g getrockneten Ackerschachtelhalm in 5 l Wasser für 24 Stunden ein. Anschließend kocht man den Ansatz 1 Stunde, lässt ihn zugedeckt abkühlen und seiht ihn ab. Zur Verwendung im Verhältnis 1:5 bis 1:10 mit Wasser verdünnen und in eine Sprühflasche füllen. Soweit möglich an drei aufeinanderfolgenden Tagen die Pflanzen besprühen. Diese Aktion wiederholt man regelmäßig.

Pflanzenbrühen sind allerdings nur eine begrenzte Zeit haltbar, danach werden sie sauer.

Die Krankheit kann auch auf die Kartoffelknollen übergreifen, die dann äußerlich graubraune, leicht eingesunkene Flecken und im Inneren verschwommene bräunliche Flecken zeigt.

Die Krautfäule ist vor allen Dingen dann gefährdend für die Ernte, wenn sie besonders früh auftritt. Dennoch sollten, sobald ein Befall eintritt, die Pflanzen gerodet und das Kraut entsorgt werden. Die Knollen können dann in der Regel im Boden ausreifen, ohne dass die Gefahr einer Infektion besteht.

Wichtig: Bitte entsorge befallenes Laub immer über den Hausmüll! Im Kompost würden die Sporen überleben und wieder in den Boden gelangen, wenn man den Kompost ausbringt.

Folgende Maßnahmen gegen Kraut- und Knollenfäule an Kartoffeln sind empfehlenswert:

Anhäufeln – Achte darauf, dass die Kartoffelreihen zu Dämmen angehäufelt sind. Da immer zuerst die oben gelegenen Knollen befallen werden, hat eine möglichst kräftige Erdschicht eine gewisse Schutzwirkung. Zudem wird durch das Anhäufeln die Knollenbildung gefördert.

Für gute Durchlüftung sorgen – Um in den Kartoffelbeständen für eine gute Durchlüftung zu sorgen, empfiehlt es sich, die Dämme möglichst frei von Unkräutern zu halten.

Mehltau

Mehltau ist eine Pilzerkrankung und tritt in Form von Falschem und Echtem Mehltau vor allem im Juli und August auf.

Echter Mehltau ist ein reiner »Schönwetterpilz«, er bevorzugt Trockenheit.

Durch feuchte Bedingungen wird hingegen der Falsche Mehltau begünstigt.

Während der Echte Mehltau einen weißen Pilzbelag auf der Blattoberseite bildet, tritt beim Falschen Mehltau ein brauner, pelziger Belag an der Unterseite der Blätter auf, verbunden mit braunen Flecken auf der Blattoberseite.

Echter Mehltau befällt bevorzugt z. B. Gurken, Kürbisse und Zucchini.

Falscher Mehltau ist beispielsweise auf Salaten, Kohlgewächsen und Erbsen anzutreffen.

Mehltau ist für Menschen grundsätzlich kein toxischer Pilz, trotzdem sollten Allergiker, Kleinkinder oder gesundheitlich geschwächte Menschen die befallenen Pflanzenteile eher nicht verzehren. In jedem Fall sollte man die Ernte vor dem Verzehr gründlich mit heißem Wasser waschen.

Folgende Maßnahmen gegen Mehltau sind empfehlenswert:

Entfernen der befallenen Pflanzenteile – Entferne alle befallenen Pflanzenteile sorgfältig und möglichst behutsam, damit die Pilzsporen nicht unnötig verteilt werden. Pflanzenteile, die von Echtem Mehltau befallen sind (also weißer Belag auf der Blattoberseite), dürfen nicht auf den Kompost, sondern sind im Restmüll zu entsorgen.

Besprühen mit Ackerschachtelhalm-Brühe (s. Krautfäule bei Tomaten S. 153)

Besprühen mit Knoblauch-Brühe (s. Blattläuse S. 151)

Vorbeugendes Besprühen mit Milch-Wasser-Gemisch – Eine Mischung aus einem Teil Milch und neun Teilen Wasser herstellen und die Pflanzen alle zwei bis drei Tage damit besprühen.

Ausreichend gießen (Echter Mehltau) – Da Echter Mehltau Trockenheit bevorzugt, sollten anfällige Pflanzen gut gegossen werden.

In diesem fortgeschrittenen Stadium sind auch die Früchte von Braunfäule betroffen.

Anhäufeln erhöht nicht nur den Ertrag, sondern schützt auch vor Knollenfäule.

Für die Zubereitung einer Brühe werden die Brennnesseln zunächst zerkleinert.

Brennnesseln und Wasser werden etwa eine halbe Stunde lang gekocht.

Die abgekühlte Brühe wird vor der Verwendung abgeseiht und verdünnt.

Kartoffelschorf

Hierbei entstehen auffällige, krustige braune Stellen (Netzschorf oder Buckelschorf) bzw. kraterförmige Pusteln (Pulverschorf) auf den Kartoffeln. Die Kartoffeln können weiter bedenkenlos verzehrt werden, allerdings empfiehlt es sich, sie ohne Schale zu verwenden. Geschmack und Ertrag der Knollen werden nicht merklich beeinflusst. Um die Neigung zu Kartoffelschorf zu verringern, kann in der Phase der Knollenbildung (beginnend nach der Blüte) in Trockenphasen gegossen werden. Hierdurch wird Sauerstoff aus den Kartoffeldämmen verdrängt, der wiederum überle-

benswichtig für die Kartoffelschorf auslösenden Bakterien ist. Ein unerwünschter Nebeneffekt der Bewässerung ist die erhöhte Anfälligkeit für Krautfäule, deren Erreger, der Schädlingspilz *Phytophthora infestans*, ein feuchtes Milieu liebt. Es gilt hier also gut abzuwägen. Sollte man sich für das Gießen entscheiden, ist unbedingt darauf zu achten, das Blattwerk möglichst trocken zu halten bzw. tageszeitlich so zu gießen, dass die Blätter noch ausreichend abtrocknen können. Dies spielt allerdings nur eine Rolle, solange das Laub nicht ohnehin schon aus normalen Gründen abgestorben ist.

Kräftigung der Pflanzen

Um deine Pflanzen allgemein zu kräftigen und so resistenter gegen Schädlinge und Krankheiten zu machen, kannst du auf einfache Weise eine Brennnesselbrühe herstellen und damit Pflanzen und Boden besprühen.

Zur Herstellung der Brühe zerkleinerst du 1 kg frische oder 100–200 g getrocknete Brennnesseln und kochst sie etwa 30 Minuten in 2 l Wasser. Danach lässt du die Brühe zugedeckt abkühlen und seihst sie ab. Im Verhältnis 1:10 mit Wasser verdünnt, bringt man die Brühe einmal wöchentlich im Garten oder auf dem Acker aus.

Wichtige Adressen

Die Biosiegel

Bioland – Verband für organisch-biologischen Landbau e. V.
Kaiserstraße 18
55116 Mainz
Tel.: 0 61 31-23 97 90
www.bioland.de

Demeter e.V.
Brandschneise 1
64295 Darmstadt
Tel.: 0 61 55-8 46 90
www.demeter.de

Naturland – Verband für ökologischen Landbau e. V.
Kleinhaderner Weg 1
82166 Gräfelfing
Tel.: 0 89-89 80 82-0
www.naturland.de

Bundesanstalt für Landwirtschaft und Ernährung
Informationsstelle Bio-Siegel
Referat 521 - Juristischer Dienst Abt. 5
Ökologischer Landbau, Bewilligung ELER
Deichmanns Aue 29
53179 Bonn
Tel.: 0228-68453979
www.bio-siegel.de

Bio ist nicht gleich bio

Die EU-Öko-Verordnung und die Richtlinien der biologischen Anbauverbände in Deutschland weisen einige deutliche Unterschiede auf:

EU-Öko-Verordnung	Richtlinien der Anbauverbände (Bioland etc.)
5 % der Zutaten der zertifizierten Produkte dürfen aus konventioneller Herstellung stammen.	100 % der Zutaten zertifizierter Produkte müssen aus ökologischer Herstellung stammen (je nach Verband geringe Ausnahmen bei Nichtverfügbarkeit ökologischer Herkunft möglich).
49 Zusatzstoffe in der Lebensmittelerzeugung zugelassen (von >300 Zusatzstoffen)	13–24 Zusatzstoffe zugelassen (je nach Verband)
Anzahl Tiere pro Hektar Fläche: 230 Legehennen 580 Masthähnchen 14 Mastschweine	Anzahl Tiere pro Hektar Fläche: 140 Legehennen 280 Masthähnchen 10 Mastschweine
Es gibt keine Entfernungs- oder Zeitgrenzen bei Tiertransporten.	Tiertransporte sind bis maximal 200 km Strecke und höchstens 4 Stunden Dauer erlaubt.

Unsere Bio-Gemüseäcker zum Mieten

Als Ackerheld gehört dir von Mitte Mai bis Ende November dein eigenes Stück biozertifizierter Gemüseacker. Wir haben deinen Acker bereits im Frühjahr professionell für dich vorbereitet und über 20 Reihen leckeres Biogemüse in die Erde gebracht.

Insgesamt erntest du im Laufe der Saison 40 Sorten. Dafür bekommst du von uns zusätzlich kostenloses Saatgut und Jungpflanzen. Auch die notwendigen Gartengeräte sowie Gießkannen und Wasser stellen wir dir zur Verfügung. Alles inklusive!

Nebenbei lernst du jede Menge über naturgemäßen, ökologischen Gemüseanbau. Denn natürlich unterstützen wir dich bei der Bewirtschaftung deines Ackers mit einer umfassenden Beratung. So wirst du auch als Gemüsebauanfänger ein strahlender Ackerheld!

Natürlicher als bei den Ackerhelden geht es übrigens nicht! Dein Acker und alles, was darauf wächst, ist nach den Richtlinien für ökologische Landwirtschaft des größten deutschen Anbauverbands Bioland zertifiziert.

Warum das so wichtig ist? Nur so kannst du sicher sein, dass nicht nur dein Gemüse frei von Pestiziden und Chemiedünger ist, sondern auch die Erde, in der du mit deinen Händen arbeitest.

Infos und Buchung unter: www.ackerhelden.de

Ackerhelden-Bio-Saatgut

Du möchtest lieber zu Hause Ackerheld werden? Kein Problem! Denn bei uns bekommst du auch bestes Bio-Saatgut. Ganz bequem online bestellt und nach Hause geliefert.

So kannst du die Theorie aus diesem Buch in die blühende Praxis umsetzen und knackfrisches Gemüse aus dem eigenen Garten oder vom Balkon ernten.

Besuch unseren Online-Shop: www.ackerhelden.de/shop

Register

Bildnachweis

Der Verlag dankt folgenden Personen und Organisationen für die freundliche Genehmigung zum Abdruck der Abbildungen:

Schlüssel: l=links   r=rechts   M=Mitte   o=oben   u=unten

© **Dorling Kindersley:** 114M, 119l, 135r

Airedale © Dorling Kindersley: 70l, 73l, 81r, 87, 123, 134, 137l, 137M

Anderson, Peter © Dorling Kindersley: 5M, 12r, 19l, 19r, 21lo, 21lu, 22r, 24l, 25l, 25r, 28Ml, 30lu, 31o, 31u, 32l, 33o, 33u, 34l, 34r, 35l, 35r, 36r, 39l, 42, 43l, 45l, 46Ml, 46 Mr, 46ru, 49r, 52r, 53r, 55M, 57l, 57r, 59r, 63, 66M, 67, 70r, 73r, 74l, 78r, 84r, 85, 92M, 92r, 93l, 95, 97l, 96M, 96r, 98r, 103r, 106l, 107r, 108r, 109r, 110, 118l, 118r, 119r, 121Mo, 121lu, 121ru, 122M, 128, 129l, 129M, 129r, 130, 132l, 135l

Anderson, Peter © Dorling Kindersley, courtesy of RHS Hampton Court Flower Show 2015: 30lo

Bown, Deni © Dorling Kindersley: 114l, 114r, 120M

Brock, Birger © Ackerhelden: 4o, 5o, 7, 11r, 13l, 13r, 14ru, 16, 17, 18, 26, 46lu, 47, 51, 52l, 54, 60M, 64r, 93r, 97r, 113o, 124lu, 148Ml

Buckingham, Alan © Dorling Kindersley: 43r, 66r, 53l, 69r, 74M, 82M, 91, 106l, 108M, 109l, 120l, 131r, 132r, 133, 149, 150, 154l

Getty: Foodcollection RF: 52M, 66l

Hargreaves, Brian © Dorling Kindersley: 152

Heap, Will © Dorling Kindersley: 32r, 62l, 77r, 93M, 96l, 98M, 100r, 101, 50, 113u, 117r, 122l, 124Mr, 153l, 155l, 155M, 155r

Henning, Mike © Ackerhelden: 2, 6, 8l, 8r, 9, 10l, 10r, 11l, 12l, 14ro, 14Ml, 14lu, 15, 21ru, 22l, 27l, 27M, 27r, 28lo, 28ro, 28Mr, 28ru, 29, 37l, 37r, 38, 40lo, 40ru, 44r, 46ro, 61, 65r, 76, 80r, 88r, 92l, 105, 111l, 112, 124Ml, 138, 148lo, 148lu, 148ro, 148ru, 153M

Hurst, D. / Alamy: © Dorling Kindersley: 124lo, 139

Hyde, Anne © Dorling Kindersley: 115l, 120r, 121lo, 121ro

King, Dave © Dorling Kindersley: 60r, 99, 103l, 115r, 116r

Klein, Paul © Ackerhelden: 28lu, 124ro

Lee, Steve © Dorling Kindersley: 46lo

Marshall, Clare © Dorling Kindersley: 84M

Miller, Jane © Dorling Kindersley: 124ru

North, Brian © Dorling Kindersley: 70M, 72r, 126, 136l, 136r

Reavell, William © Dorling Kindersley: 4u, 71M, 74r, 87, 127, 148Mr

Roberts, Chloe © Dorling Kindersley: 71r, 79

Tipling, David © Dorling Kindersley: 125

Tryde, Pia © Dorling Kindersley: 53M, 55r

Winwood, Mark © Dorling Kindersley: 5u, 14lo, 14Mr, 23, 24r, 30ru, 36l, 38l, 41l, 41r, 44l, 45r, 48l, 48r, 49l, 55l, 56l, 56r, 58l, 58r, 59l, 60l, 62M, 62r, 64l, 64M, 68l, 68M, 68r, 69l, 71l, 72l, 72r, 75l, 75r, 77l, 77M, 78l, 78M, 80l, 80M, 81l, 82l, 82r, 83l, 83r, 84l, 86l, 86r, 88M, 89l, 89r, 90l, 90r, 94l, 94r, 98l, 100l, 102l, 102r, 104l, 104M, 104r, 106M, 107l 107M, 108l, 111r, 115M, 116l, 117l, 122r, 131l, 137r, 151M, 151r, 154r

Wittingham, Jo © Dorling Kindersley: 151l, 153r

Wooster, Steven © Dorling Kindersley: 65l

Cover, vorn und hinten: **Henning, Mike** © Ackerhelden

Herausgeber: Birger Brock, Tobias Paulert (Ackerhelden GmbH)
Redaktion und zusätzliche Texte: Gartenredaktion (Robert Sulzberger und Tobias Mayerhofer)

Covergestaltung Firma Zwei, Düsseldorf
Lektorat Christine Ritter
Innengestaltung, Typografie, Realisation, Illustration Silke Klemt

Für den DK Verlag:
Programmleitung Monika Schlitzer
Redaktionsleitung Caren Hummel
Projektbetreuung Manuela Stern, Caren Hummel
Bildrecherche Sonja Milde
Herstellungsleitung Dorothee Whittaker
Herstellung Kim Weghorn, Christine Rühmer
Herstellungskoordination Ksenia Lebedeva

ISBN 978-3-8310-3047-7

Repro Farbsatz, Neuried/München
Druck und Bindung Neografia, Slowakei

MIX
Paper from
responsible sources
FSC® C020353

Besuchen Sie uns im Internet
www.dorlingkindersley.de

Ackerhelden GmbH – Öko-Kontrollstellen-Code: DE-ÖKO-006

Hinweis
Die Informationen und Ratschläge in diesem Buch sind von den Autoren und vom Verlag sorgfältig erwogen und geprüft, dennoch kann eine Garantie nicht übernommen werden. Eine Haftung der Autoren bzw. des Verlags und seiner Beauftragten für Personen-, Sach- und Vermögensschäden ist ausgeschlossen.

Grüner Daumen im Handumdrehen

Aroma-Revolution im Garten
224 Seiten mit ca. 300 farbigen Abbildungen
19,95 € (D) / 20,60 € (A)
ISBN 978-3-8310-2988-4

Lust auf Garten
208 Seiten mit ca. 350 farbigen Abbildungen
16,95 € (D) / 17,50 € (A)
ISBN 978-3-8310-3014-9

Biodynamisch Gärtnern
256 Seiten mit ca. 1500 Abbildungen
19,95 € (D) / 20,60 € (A)
ISBN 978-3-8310-2990-7

Mein Gartenjahr
160 Seiten mit ca. 200 Fotografien
16,95 [D] 17,50 [A]
ISBN 978-3-8310-2749-1

Grün & Günstig
160 Seiten mit ca. 400 Abbildungen
14,95 [D] 15,40 [A]
ISBN 978-3-8310-2516-9

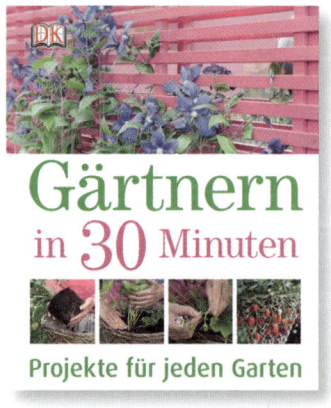

Gärtnern in 30 Minuten
192 Seiten mit ca. 500 Farbfotografien
14,95 [D] 15,40 [A]
ISBN 978-3-8310-2339-4

Weitere großartige Gartenbücher finden Sie unter www.dorlingkindersley.de